The Power Writing

パワー・ライティング入門

説得力のある文章を書く技術

入部 明子 著

大修館書店

序──なぜいまパワー・ライティングなのか

　私が初めて『パワー・ライティング　アメリカ型文章作成技術のスタンダード』という小冊子を出版したのは 2003 年のことです。社会人を対象に、礼状から企画書まで、説得力のあるビジネス文書の書き方について解説しました。この頃もすでに多くのビジネス文書の書き方について述べた本がありましたがその多くが文例集であり、拙著は文書の作成技術を語った点に大きな違いがありました。

　パワー・ライティングでは、抽象度を徐々に低くするように 4 段階のパワーを設定しています。パワー1では主張をし、パワー2ではその根拠を述べ、パワー3では根拠が主張とどのように関係するのか説明し、パワー4ではさらに客観的な裏付けを提示します。(パワー0を合わせると5段階になりますが、パワー0は読み手やテーマを分析する段階です。) 人を説得するには、「そうなのか」という概要を知らせる段階と、「なるほど」と理解させる段階、「それもそうだ」と共感させる段階と、「それは間違いない」と確信させる段階を準備することが必要です。それがこのパワー1〜パワー4の 4 段階なのです。

　パワー・ライティングは、アメリカでは幼少期より教育され、大学まで一貫して教育が行われています。たとえば、小学生向けに「世界の珍しい動物」というテーマで書かせるとすると、パワー 1 は「オーストラリアには珍しい動物がいます」とオーストラリアという主張 (アイデア) を述べます。地域が限定されるので、「世界」より抽象度が低くなり、読み手は「そうなのか」とオーストラリアの大平原を思い浮かべることでしょう。そこで、パワー2では具体例として、日本では動物園でしか見

られないコアラと、カンガルーを挙げます。読み手は「なるほど」とコアラとカンガルーのかわいい姿を思い浮かべることができ、抽象度がさらに低くなります。パワー3では、コアラはアルコール分を多く含むユーカリの葉を主食としているため、木の上から降りようとすると目が回って降りられず木の上に住んでいること、カンガルーは50％ほどが2年で寿命が尽きてしまうのに、子どもが跳んで走れるようになるまで1年以上もお腹の袋で育てることをパワー3として挙げます。読み手は「それもそうだ」と珍しさに共感するでしょう。最後にパワー4として、ユーカリの木が少なくなりコアラの数が年々減っていること、カンガルーの肉が食用となることから乱獲が進み個体数が減少していることを挙げ、「希少価値」があることを裏付けると、読み手は「間違いない」とオーストラリアに珍しい動物がいることに異論をとなえることはないでしょう。

　本書は2003年に出版された『パワー・ライティング　アメリカ型文章作成技術のスタンダード』を社会人基礎力として新たに位置づけたものです。この10年間に時代は大きく変わりました。特に大きな変化は2009年5月21日に施行された裁判員制度でした。パワー・ライティングはもともと陪審員制度のあるアメリカで開発された文章作成方法です。パワー・ライティングのパワーの4段階は、次のような裁判審理の4段階と符合しており、パワー・ライティングが説得力のある表現方法である所以でもあります。

裁判審理	パワー	文書内容
起訴状朗読	パワー1（抽象度高）	争点を明確にし、主張（アイデア）を述べる
冒頭陳述	パワー2（抽象度中）	根拠（具体例）や証拠によって主張を説明する
証拠調べ	パワー3（抽象度低）	根拠や証拠の詳細な内容を述べて証明する
弁論手続	パワー4（抽象度無）	客観的に信用のできる裏付けをもとに主張を強調する

起訴状朗読、冒頭陳述、証拠調べ、弁論手続はそれぞれパワー１、パワー２、パワー３、パワー４に対応しており、裁判員は裁判審理を見聞きして、評議で被告人の有罪、無罪と有罪ならば量刑を決めなければなりません。その裁判審理を理解することができるようになる力の育成、それがパワー・ライティングとも言えます。全ての国民が裁判員になるわけではありませんが、市民が司法を支える成熟した民主主義国家になりつつある今、社会人に求められる表現力にも相応しい力が求められます。その趣旨から本書では2003年に出版した『パワー・ライティング　アメリカ型文章作成技術のスタンダード』とは異なり、国家の一市民として必要不可欠な表現力の育成に焦点をあてています。そのため、本書はビジネス文書のみならず、メールやノートの書き方からエッセイ、短編小説の書き方にいたるまで市民生活で考えられる多種多様な文種を含んでいます。

　幸いなことに、パワー・ライティングについては、2003年に出版した前著より多くの方から評価をいただいております。2004年からはNHKラジオ高校講座「国語表現Ⅰ」というラジオ番組で、パワー・ライティングによる小論文の書き方をご紹介しており、視聴してくださった高校生をはじめ社会人の方からも嬉しいお便りをいただくことが多くなりました。また、2005年にはパワー・ライティングの専用ソフト「Business Writer」（アスク社）が開発され、同時にパワー・ライティングのビデオコース（Business Writerに付属）も開発されました。

　この10年間、パワー・ライティングを何千人もの学生に指導しその効果を検証してきました。最初はビジネス文書や小論文にのみパワー・ライティングを適用してきましたが、パワー・ライティングによって育成される論理的思考力や表現力は、文学的なエッセイや短編小説にも効果があることがわかってきました。本書では、前著以降私が経験したさまざまな新しい発見を盛り込んでいます。特に経済産業省の提唱する社会人基礎力と

パワー・ライティングとの関係について新しい章を設け、社会人として必須と思われる単語や知っておいてほしい格言、名言、敬語や言い誤りについては付録としてまとめました。

本書の構成を簡単に説明します。
●第1章では、社会人基礎力とパワー・ライティングについて説明するとともに、パワー・ライティングのパワー1からパワー4までのパワーの配置の仕方について詳述しています。本書は「パワー・ライティング入門」のタイトルどおり、パワー・ライティングが初めての方にもわかるように説明しておりますので、本章をお読みいただくとパワー・ライティングとはどのような表現方法なのかを学ぶことができます。
●第2章では、ノートの書き方から企画書まで多種多様な文章の書き方のガイドラインを示し、見開きでパワー部分を示しながら例文を挙げています。また例文のあとに文章作成のポイントも挙げていますので参考にしてください。
●付録では、敬語の使い方や言い誤り、格言や名言、社会人に必要な単語を挙げ付録としました。単語については、私がこれまで出版したビジネス文書の本の例文で出現頻度の高かった単語を精選したものです。本書のコンセプトである社会人基礎力として必須であると判断した単語ばかりですので、意味がわかるだけではなく書けるようにしておいてください。

　本書によって、パワー・ライティングを習得し、良き市民、良き社会人となられることを心から願っております。

2013年6月18日
入部　明子

目次

序——なぜいまパワー・ライティングなのか 2

第1章 現代社会で求められるコミュニケーション力 11

第1節 社会人基礎力とコミュニケーション能力 12

1．コミュニケーションという言葉の魅力 12
2．現代社会において必要とされるコミュニケーション能力 13

第2節 社会人基礎力とパワー・ライティング 19

1．調査概要 19
2．調査結果 21
3．検証と考察 21

第3節 パワー・ライティング入門 23

1．パワー・ライティングとは何か 23
　1 抽象的な文章から具体的な文章へ 23
　2 読ませる文章から見せる文章へ 24

3　大事なのは、読み手をつかんだら離さない力強さ　25
　　4　文章によるコミュニケーションで他者に勝つ　26
　　5　文書は、組織の力を代弁する　27
　　6　評価されることを念頭に書く　28
　　7　文章が書けるかどうかは、語彙力ではなく思考力による　29

２．パワー・ライティングを学ぶ　30
　　1　パワー・ライティングの効果を高める３つのステップ　30
　　2　ステップ１：「Voice」を聞く　31
　　3　ステップ２：「Picture」を作る　31
　　4　ステップ３：「Flow」を見る　32
　　5　パワーの５段階　33
　　6　パワー０：読み手や書く目的など各種条件を検討する　34
　　7　パワー１：アイデアを提示する　34
　　8　パワー２：アイデアをサポートする根拠を挙げる　35
　　9　パワー３：根拠をサポートする―「なぜ」「どのように」　36
　　10　パワー４：根拠の客観的な裏付けを提示する　37

３．パワー・ライティングの実際　37
　　1　「パワーの素」を活かすには　37
　　2　「経験」というパワーの素は「順序」で活かす！　38

3 「事実」というパワーの素は「問題と解決」で活かす！ 39
4 「事実」というパワーの素は「原因と影響」で活かす！ 40
5 「他者」というパワーの素は「比較」で活かす！ 41

4．パワー・ライティングの5つの実践ステップ 42
1 実践ステップ1：「Voice」を明確にする 43
2 実践ステップ2：「Picture」を作る 44
3 実践ステップ3：「Picture」をアウトラインにまとめる 46
4 実践ステップ4：アウトラインを文章にする 47
5 実践ステップ5：「Flow」を見る 48

5．パワーの組み合わせ　使い分けのヒント 48
1 弱いパワー・ライティング：「0・1の組み合わせ」 48
2 標準的なパワー・ライティング：「0・1・2の組み合わせ」 49
3 力強いパワー・ライティング：「0・1・2・3の組み合わせ」 49
4 優れたパワー・ライティング：「0・1・2・3・4の組み合わせ」 50
5 最も説得力のあるパワー・ライティング：「0・1・2・3・2・3・4の組み合わせ」 51

第2章 パワー・ライティングを使いこなすために
目的別 ガイドラインと文例20選　53

聴いた話を整理するためのガイドライン …………… ①**ノート**　54
　ノートの取り方の6パターン　56

簡潔にわかりやすく書くためのガイドライン ………… ②**メール**　60
　電子メールの長所と短所　62
　《演習問題》　65

感じたことを的確に書くためのガイドライン………… ③**感想文**　66
　《演習問題》　68

調査したことをまとめるためのガイドライン ……… ④**レポート**　70
　レポートを書く手順と留意点　73

主張を書いて伝えるためのガイドライン …………… ⑤**小論文**　78
　小論文作成のコツ　80
　《演習問題》　82

メッセージを伝えるためのガイドライン …………… ⑥**エッセイ**　84
　エッセイを書く手順と留意点　86
　《演習問題》　89

芸術性の高い文章を書くためのガイドライン …… ⑦**短編小説**　90
　《演習問題》　92

スライドを作るためのガイドライン　⑧**プレゼンテーション**　98

プレゼンテーションの心得　101
社会人基礎力を感じさせる文章を書くためのガイドライン
……………………………………… ⑨自己PR文：エントリーシート　104
感謝の気持ちを伝えるためのガイドライン……………… ⑩礼状　106
尋ねたい内容を伝えるためのガイドライン………… ⑪照会状　108
お願いしたい内容的確に伝えるためのガイドライン ⑫依頼書　110
断る意志を伝えるためのガイドライン……………… ⑬断り状　112
怒りを伝えるためのガイドライン…………………… ⑭抗議状　114
納得しがたいことを伝えるためのガイドライン…… ⑮反駁状　116
事情を説明して理解を得るためのガイドライン… ⑯交渉状　118
見聞したことを伝えるためのガイドライン………… ⑰報告書　120
改善方法を伝えるためのガイドライン……………… ⑱提案書　122
新たな価値を伝えるためのガイドライン…………… ⑲企画書　124
情報を伝えるためのガイドライン…… ⑳ダイレクトメール　126

付録 コミュニケーションのための言葉の基礎情報　128

［１］ら抜き言葉・れ足す言葉・さ入れ言葉　128
［２］敬語　130
［３］語彙を広げる（文書に頻出の語彙）132
［４］ことわざ・故事成語　136
［５］名言　140

第1章

現代社会で求められるコミュニケーション力

第1節 社会人基礎力とコミュニケーション能力

1. コミュニケーションという言葉の魅力

　近年、私たちが最もよく耳にする言葉の一つが「コミュニケーション」ではないでしょうか。二人の会話でもコミュニケーションという言葉を用い、グループでのディスカッションにもコミュニケーションという言葉を用います。また、近距離の通信にも、遠距離の通信にもコミュニケーションという言葉を用います。会話にも文章にもコミュニケーションという言葉を用い、「沈黙」さえも「空気を読んだ」コミュニケーションだと言う人がいます。「コミュニケーション」とはなんと魅力的で便利な言葉なのでしょうか。

　一方で、「コミュニケーション論」、「コミュニケーション学」などと言うと、途端に様々な情報を含む難しい内容になってしまいます。「コミュニケーション論」や「コミュニケーション学」には、社会学や心理学、人類学や政治学、言語学や修辞学など学際的な背景があり、「コミュニケーション学」を学ぶことと、実践的な「コミュニケーション能力」を学ぶことには大きな違いがあります。

　本書は「コミュニケーションとは何か」という学際的な理論を学ぶところから始めるのではなく、現代社会が求めている実践的なコミュニケーションを学び、魅力的なコミュニケーション能力を身につけるための話から始めたいと思います。

2. 現代社会において必要とされる コミュニケーション能力

　今日の複雑な現代社会では、単に会話のようなコミュニケーションができればよいというのではなく、根拠を踏まえ自己の考えを論理的かつ説得的に述べることで、的確に伝わる言語的コミュニケーション能力が必要不可欠となっています。

　論理的な思考力については、中学、高校でも大きな課題となっており、2000年から経済協力開発機構（OECD）が実施している学習到達度調査（PISA調査）の結果を見ても、日本の15歳児（調査対象児）が十分な論理的な思考力を持っているとは言えません。2000年調査の読解力調査では32か国中8位、2003年調査の読解力調査では41か国中14位、2006年調査の読解力調査では57カ国中15位、2009年調査の読解力調査では65カ国中8位という順位となっており、特に根拠を踏まえて自己の考えをまとめる記述については無解答の割合が高いことが問題となっています。

　こうした論理的な思考力の不足の原因として、日常のコミュニケーション場面で論理的に述べる必要性が低いことが挙げられます。コミュニケーションには非言語的コミュニケーションと、言語的コミュニケーションがありますが、近年若者が好んで使う「空気を読む（自分の考えを述べずに周りの言動を容認すること）」の言葉が象徴するように、非言語的コミュニケーションが言語的コミュニケーションを凌駕する傾向があります。

　しかし、現代社会において的確に自己の考えを伝えるためには、論理的な思考を踏まえた言語的コミュニケーション能力は生きる力として最も重要な力なのです。

　高校を卒業したばかりの大学1年生は、それまでのコミュニケーションの場が学校内やアルバイト先など身近な場所に限られることから、コミュ

ニケーションを友好な対人関係を築くための方法と認識していることが多く、実社会が求めるコミュニケーション能力と、学生が認識しているコミュニケーション能力には大きな相違があります。

表1は経済産業省が『大学生の「社会人観」の把握と「社会人基礎力」の認知度向上実証に関する調査』を実施し、その結果を2010年6月に公表したものですが、企業側が（学生が）不足していると思う「コミュニケーション力」の数値が19.0%であるのに対して、学生自身が不足していると思う「コミュニケーション力」は8.0%とその半分にも満たない数値となっています。

一方、社会に出て活躍するために必要だと考える能力要素を示した表2では、企業は「コミュニケーション力」を最も必要な能力と認識しており（企業人事採用担当者23.1%）、学生もまたコミュニケーション能力の必

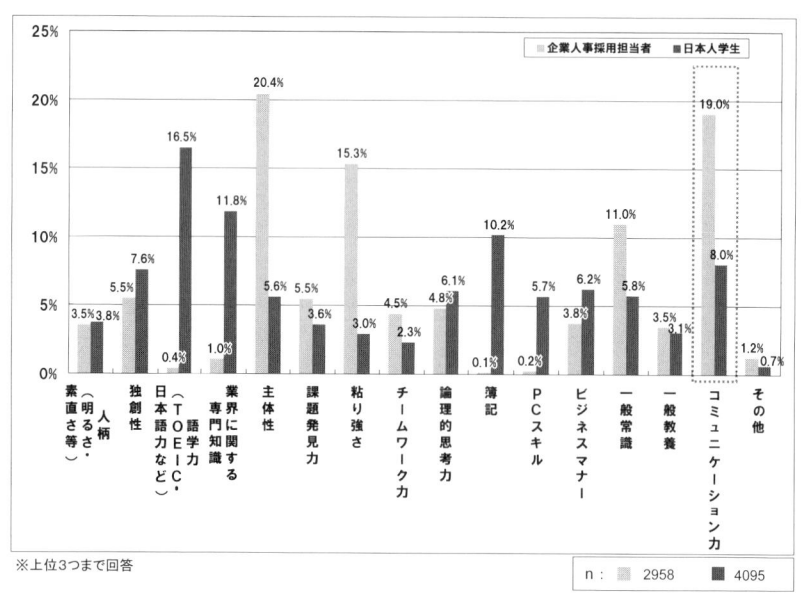

表1　自分に不足していると思う能力要素【対日本人学生】
　　　学生に不足していると思う能力要素【対企業】（『大学生の「社会人観」の把握と「社会人基礎力」の認知度向上実証に関する調査』経済産業省　2010年）

要性を認識しています（日本人学生21.6%）。

表3の通り、実際「自社で活躍している若手人材が共通して持っている能力要素」としてコミュニケーション能力を挙げる会社が最も多いのです（20.9%）。

こうした状況を踏まえ、高校生を含め学生が考えるコミュニケーションと、実社会が求めるコミュニケーションとの違いをまず認識することが大切です。そもそもコミュニケーションの難しさはその言葉の抽象度にあり、コミュニケーション能力には非言語的要素も言語的要素も含まれ、今日ではデジタルデバイスによる情報活用能力も新たにコミュニケーション能力として加わることが多くなってきました。

そのため、網羅的にコミュニケーション能力を語ると、心理学や人類学、教育学や情報学など学際的な背景をもとに概説的で抽象度の高いもの

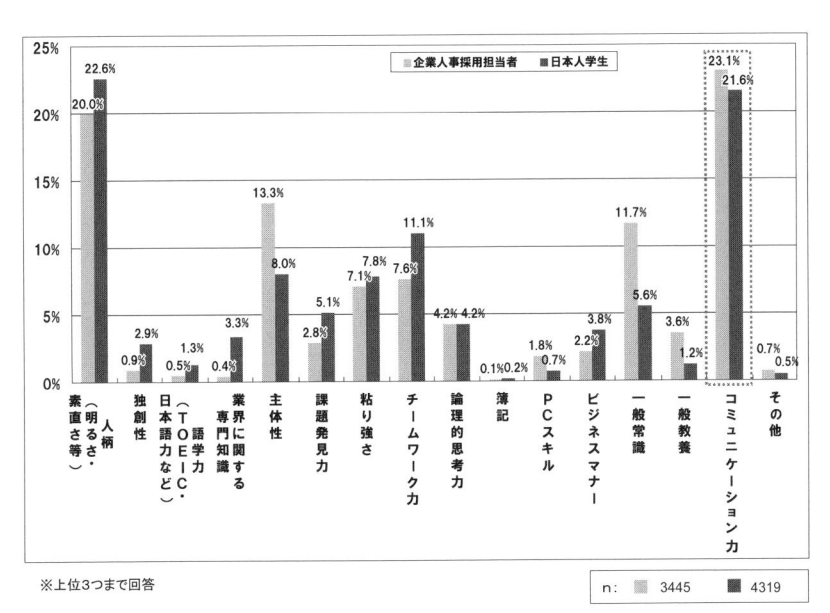

表2　社会に出て活躍するために必要だと考える能力要素【対日本人学生・対企業】（『大学生の「社会人観」の把握と「社会人基礎力」の認知度向上実証に関する調査』経済産業省 2010年）

になってしまいます。しかし、実社会が求めるコミュニケーション能力は、現実社会に即した実践的な内容であり、その一つの指針が経済産業省による「社会人基礎力の3つの能力・12の要素」（表4）です。

これまで各企業は人事採用の要件として「コミュニケーション能力」という言葉を独自に使ってきました。包括的なこの言葉を明確にするため、経済産業省は「社会人基礎力の能力要素」として細分化して明示し、今日では企業間の、あるいは企業と学生との共通言語として浸透しつつあります。経済産業省は社会人基礎力を「組織や地域社会の中で多様な人々とともに仕事を行っていく上で必要な基礎的な能力」としており、その位置づけを18頁の図1のように示しています。

従来は学力を測定すれば社会人基礎力も測ることができると考えられており、「基礎学力＝（社会に対応できる）基礎力」という能力評価をしてい

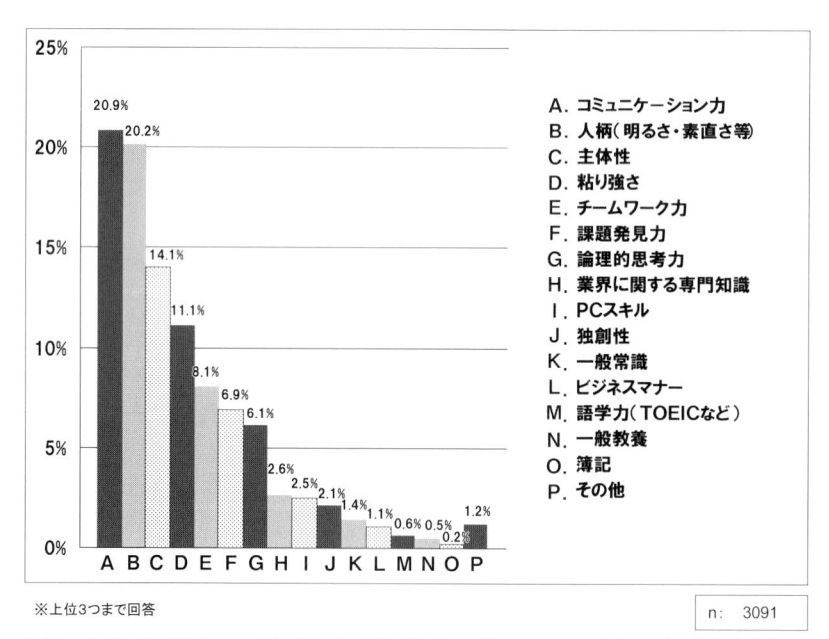

表3　自社で活躍している若手人材が共通して持っている能力要素【対企業】
（『大学生の「社会人観」の把握と「社会人基礎力」の認知度向上実証に関する調査』経済産業省 2010年）

分類	能力要素	内容
前に踏み出す力 (アクション)	主体性	物事に進んで取り組む力
	働きかけ力	他人に働きかけ巻き込む力
	実行力	目的を設定し確実に行動する力
考え抜く力 (シンキング)	課題発見力	現状を分析し目的や課題を明らかにする力
	計画力	課題の解決に向けたプロセスを明らかにし準備する力
	創造力	新しい価値を生み出す力
チームで働く力 (チームワーク)	発信力	自分の意見をわかりやすく伝える力
	傾聴力	相手の意見を丁寧に聴く力
	柔軟性	意見の違いや立場の違いを理解する力
	情況把握力	自分と周囲の人々と物事との関係性を理解する力
	規律性	社会のルールや人との約束を守る力
	ストレスコントロール力	ストレスの発生源に対応する力

表4　社会人基礎力の3つの能力・12の要素
(『「社会人基礎力」育成のススメ』経済産業省 2006年)

ました。しかし近年はこの関係が成り立たなくなっており、基礎学力と社会人基礎力をそれぞれ別に評価する必要があると考えるようになってきています。

　このような社会人基礎力と基礎学力とを区別する考え方は世界の潮流となっており、社会人基礎力に相当する言葉は多くの国に存在します。たとえば、アメリカでは社会人基礎力に相当する言葉としてBasic skillsがあり、イギリスではCore skills、オーストラリアではKey competencies、ニュージーランドではEssential skills、カナダではEmployability skills、ドイツではKey qualification、フランスではTransferable skillがあります。

　社会人基礎力にコミュニケーション能力はどのような形で位置づけられているのか、改めて表4を見ると、コミュニケーション能力は細分化された「要素」(skill)として明示されていることがわかります。例えば言語的コミュニケーションの能力要素として「発信力」や「傾聴力」が挙げられますが、自分の考えを発信していくためには「課題発見力」は必要不可欠であり、課題を発見するためには進んで課題に取り組む「主体性」は無くてはなら

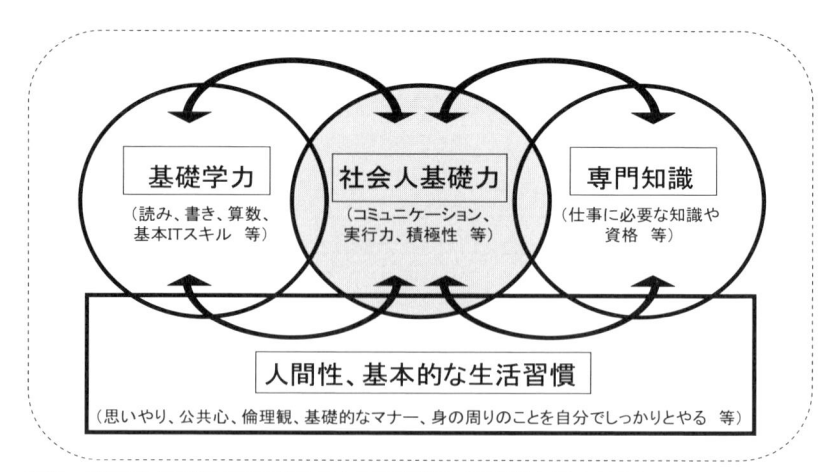

図1 職場や地域社会で活躍する上で必要となる能力について
（社会人基礎力に関する研究会「中間取りまとめ」（概要）経済産業省 2006年）

ないでしょう。いずれの能力要素も単独で働くのではなく、連動して働くことで、実社会において意味をなす活動となります。

第2節 社会人基礎力とパワー・ライティング

　そこで、勤務する大学で次のような調査をしてみました。言語的コミュニケーション能力を社会人基礎力のうち「主体性」、「課題発見力」、「発信力」、「傾聴力」とした場合、要素ごとに力を測ることができるかを検証する調査です。調査には79名の学生に参加してもらい、3回の模擬裁判を行う授業を実施して結果を得ました。調査概要、調査結果、考察は次の通りです。

1．調査概要
①調査日時
　　第1回　2012年11月14日　午前10時40分〜午後12時10分
　　第2回　2012年11月21日　午前10時40分〜午後12時10分
　　第3回　2012年11月28日　午前10時40分〜午後12時10分
②調査対象者
　　つくば国際大学医療保健学部　大学1年生　79名
③調査項目
　（3回の調査各回で以下の項目の調査を行った。なお、各回で裁判記録は異なる内容を朗読した。）
ⅰ　裁判員の責務を知り、刑事裁判の審理の流れについて理解しているか。
　　　　　　　　　　　　　　　　　（前に踏み出す力：主体性）
ⅱ　裁判記録の朗読を聴き、重要だと思う内容をメモできているか。
　　　　　　　　　　　　　　　　　（前に踏み出す力：主体性）
ⅲ　6人1グループで評議を行い、争点を明確にしながら、証拠に照らして有罪か無罪か、有罪ならば量刑を決めることができるか。

(考え抜く力：課題発見力）および
（チームで働く力：発信力および傾聴力）

iv 各グループの評議の結果とその根拠を発表し、根拠と主張との関係について適切であるかどうか、また適切に伝えることができているかどうかを検討できるか。

（チームで働く力：発信力および傾聴力）

前に踏み出す力	考え抜く力	チームで働く力
主体性： 　裁判員としての社会的責務の重要性を認識し、審理の内容を真摯に理解しようとしている。	課題発見力： 　争点を明確にし、出された証拠に合理的な疑問がないかを検討している。	発信力： 　論拠に基づいて、自分の考えをまとめようとしている。 傾聴力： 　異なる考えを尊重し、論拠の妥当性を判断しながら話し合おうとしている。

④分析の方法

　i **主体性の有無の判断**：ノートにメモがあり、さらに有罪（実刑や執行猶予など）や無罪の記述が用紙に記入されていたものを主体性があるとみなした。

　ii **課題発見力の有無の判断**：用紙に有罪や無罪などの記述があり、さらにその根拠が明確に記述されているものを課題発見力があるとみなした。

　iii **発信力の有無の判断**：用紙に有罪や無罪などの記述があり、その根拠を明確にした上で、さらに根拠を用いて有罪や無罪との関係を述べているものを発信力があるとみなした。

　iv **傾聴力の有無の判断**：他の人の意見を聴き、変更した意見を用紙に記述しているもの、あるいはノートに他の人の意見のメモがあり、意見

に変更なしと書かれているものを傾聴力があるとみなした。

2. 調査結果

(調査対象：大学1年生79名 数値は各能力要素が「有る」と判断した人数)

能力要素	第1回調査 2012年11月14日	第2回調査 2012年11月21日	第3回調査 2012年11月28日
主体性	79名（100%）	79名（100%）	79名（100%）
課題発見力	70名（89%）	75名（95%）	75名（95%）
発信力	50名（63%）	62名（78%）	71名（90%）
傾聴力	79名（100%）	79名（100%）	79名（100%）

3. 検証と考察

調査結果から、次のようなことがわかった。

i **主体性について**：ノートにメモした内容に基づいて、100%の学生がどのような刑が適当か自身の考えを主張しようとする主体性が認められた。

ii **課題発見力について**：5%の学生がiで主張する考えに対し、審理で出された証拠（主に被告人の言葉や証人の言葉：人証）を分析し根拠として適切な事実を見出すことができなかった。

iii **発信力について**：回を追うごとに、多くの学生がiiで提示した根拠を使ってiの主張をわかりやすく伝えることができるようになってきているが、10%の学生が根拠を使ってわかりやすく伝えることができなかった。

iv **傾聴力について**：100%の学生がグループの他の人の意見を聴き、自分の考えを再考する様子が認められた。

調査の結果、100%の学生がノートにメモするなどして模擬裁判に参加し、主張をしようとする主体性が見られ、傾聴力についても100%の学生が相手の意見を聴き、自身の意見を再考することができていました。

しかし、主張に対する適切な根拠を見出すための分析力が不足する学生が5％存在し、また主張の根拠となる事実に基づいて主張をわかりやすく伝える力が不足する学生が10％存在していることもわかりました。

　つまり、一口にコミュニケーション能力と言っても、十分な要素と不十分な要素があるということです。このような要素を取り立てて学習するためには、スキルを重視した学習が必要ですが、コミュニケーション能力を要素ごとに磨くような学習は、今の学校教育では準備されておらず、大学でも教えることはあまりないでしょう。しかし、根拠を見出すための分析力（課題発見力）や根拠を踏まえて主張をする伝える力（発信力）は、社会人基礎力の要であり、この二つの力を磨く学習が必要です。
　一方海外では、アメリカのBasic skillsやイギリスのCore skillsの言葉が象徴するように、スキル（skill）を磨くための学習が多く用意されています。本書では、アメリカの表現技術であるパワー・ライティングを紹介し、高いコミュニケーション技術を身に付けてもらいたいと考えています。では早速パワー・ライティングについて話を始めることにしましょう。

第3節
パワー・ライティング入門

1. パワー・ライティングとは何か

1. 抽象的な文章から具体的な文章へ

　パワー・ライティングとは、文章を抽象的な文から、具体的な文へと意識して書くだけで、飛躍的に文章がパワーを持つようになるという文章作成方法です。

　ああそんなことか、と思われる方もおられるでしょうが、「そんなこと」を1から10まで述べた詳細な本がないのが現状です。

　実は我々は、文章を読む時にこのパワーを手がかりに読み進んでいるのです。例えば、ある本の最初の行を読んだ時、その内容が抽象的であったとしても、きっとその内容が次には具体的に書かれるだろうと期待します。そしてその期待通りの内容が次に書かれていると、さらに具体化されたものが次に提示されるだろうと期待して読み進みます。具体化が続き、いつの間にかそのテーマに対して大きな理解が得られると、これはなかなかよく書けた文章だと評価をくだすのです。

　プロのライターは当然このような効果的な文章構造を意識して書いていますが、学生や文章を書いた経験の少ない人は、テーマによっては、具体性のないまま紙面を埋めてしまいがちです。自分の文章を読み返してみて、後味の悪い思いをした経験が少なからずあるのではないでしょうか。

　本書では文章に「パワー」を与えるための細かな手順をまず具体的に述べようと思います。

　パワーを持つとはどういうことか。パワーには程度があり、その程度を示す数字が大きくなるにつれて具体性が増し、文章全体のパワーも大きく

なる。そんな文章がパワーを持つ文章です。アメリカの弁護士の弁論を聞いていてもパワーのある文章をよりどころとしているのに気づきます。最初に大事な考えを述べておいて、だんだん核心に迫るように内容を具体化させていき、ついには動かぬ証拠をつきつけて、最大限のパワーを誇示するという弁論の構造です。一見すると、弁護士と検事の弁論は対応しているかのように見えますが、実はそれぞれがパワー提示のシナリオをすでに用意しており、それを段階的に述べているに過ぎません。このパワーの内容が弁護士と検事でどちらが具体的であったかで、審判が下されることになります。

　こうしたパワーの提示を目的とした文章は、パワーを調整する構造を持っており、このパワー調整のための文章構造さえ自由自在に作ることができれば、より説得的で論理的な文章を苦もなく書くことができるのです。

2. 読ませる文章から見せる文章へ

　インターネットの発達によって、郵便よりも速く、そしてファックスよりも便利に文書を送ることができるようになりました。マイクロソフト社のワードやジャストシステム社の一太郎などのアプリケーションソフトで作った文書は、そのままメールの添付ファイルなどで送信すれば、受け手はそれに手を加えて文書の修正をすることも容易です。

　伝えたいことを早く確実にという要求は実社会からの要求であり、私たちはデジタルデバイスなども活用して、これに対応した技術を学んでいくより他ありません。パワー・ライティングは、こうした情報化社会の波にいち早く乗ったアメリカで考えられてきた文章作成技術でありコミュニケーション技術です。

　パワー・ライティングが他の文章作成技術と異なる点は、その合理的なプロセスにあります。できるだけ時間の浪費を避け、その文章に必要なだけの力と時間をかけることを第一義としています。情報化社会のスピードについていくことは、社会人基礎力としても大きな課題です。

文章作成プロセスにつきものの試行錯誤の短縮は、先に述べたワードのカット（切り取り）やペースト（貼り付け）などの機能によって可能になりました。そして、単なるテキストのみの文章は、ビジュアル機能を多用して、「見せる」文章へと移行しつつあります。パワー・ライティングでは、パワーを最大限に発揮するために、パワーの出力を上げる過程で、読ませる文書から見せる文書へのプロセスを含んでいます。

　文章は「読むもの」と言う固定観念は少しずつ変わりつつあり、既にアメリカの国語教育では、読む、書く、話す、聞くという学習分野に加え、「視覚的に表現する」および「見る」という学習分野に力を入れて学習を進めています。文章作成プロセスをパワーの大きさで進めるという文章作成技術も、こうした背景から生まれてきているのです。

3. 大事なのは、読み手をつかんだら離さない力強さ

　国内にも外資系企業が増え、そこでやりとりされる文書も国際標準であることが求められるようになってきました。日本人の書く文章があいまいだとされる最も大きな理由は、文章の論理構造の弱さにあります。こう言ってしまうと、いやそんなことはないと否定する人もいるかもしれませんが、論理的であるかどうかは、書き手自身ではなく、読み手が与える評価なのです。

　結論を最初に書いて、それを裏付けるための詳細な内容を書き、そして最後にもう一度結論でまとめても、読み手がよくわからないような文章では論理的とは言えません。問題は、読み手をよくとらえ、書き手の文章に徐々に引き込んでいくような力のある文章になっているかどうかです。パワー・ライティングという言葉は、論理的な文章と全くの同義ではありませんが、読み手をとらえて、納得させる文章という点では同じ目的を持つ文章であり、パワー・ライティングが書けるならば、論理的な文章を書くこともできるでしょうし、国際化社会に通用する文章を書くことができると言ってもよいでしょう。

統括式や尾括式など文章の書き方を形から教える本もありますが、こうした形はむしろ文章を分析する時に役に立つ知識であって、テーマやタイトル、そして読み手によって、文章は様々な形をとるのが現実です。国際標準であるためには、読み手を広くとらえる力、読み手を文章の最後まで引っ張っていく力強さ、最後には読み手になるほどと言わせる説得力が求められているのです。

　日本語の文章の分析から導き出された文章形式を物差しにしていたのでは、国際標準とは言えません。大事なのは、読み手をつかんだら離さない力強さです。パワー・ライティングは、形式にあてはめて簡単に作り出す文章ではなく、読み手をとらえることからはじめ、十分な構想のもとに、文章を作り出すプロセスにその特徴があります。このプロセスを経てはじめて、文章にパワーが生まれるのです。

4. 文章によるコミュニケーションで他者に勝つ

　「ペンは剣より強し」ということわざがありますが、厳しい実力主義の時代にあっては、ちょっとした文章もミスをすれば命取りになりますし、上司に認められる武器にもなりえます。生き残りの激しい競争社会であればあるほど、ちょっとしたチャンスもビッグチャンスに変える実力が必要です。企画書のような実力を試す文書のみならず、お礼状一枚、照会状一枚に実力を感じさせ、他の者との差別化につなげていかなければ、生き残ることのできない厳しい時代でもあるのです。

　例えば、回答書などはあまり具体的すぎると、あらたな疑問を相手に与えることになります。同様に、断り状なども詳細に書きすぎると相手を批判しているとも受け取られかねません。その兼ね合いがコミュニケーションとして難しいのですが、これらの文書には、社内にそのフォーマットが用意されていることも多く、無難にそれに当てはめて書くことが多いでしょう。しかし、それで本当に大丈夫ですか？　同じ断り状でも内容はケース・バイ・ケース。フォーマットには簡単に当てはまらず苦労されて

いることも多いでしょう。

　電子レンジであたためた料理がどうしてもおいしくないように、文章もまたフォーマットにポンとキーワードを入れて作ったものは、お手軽な印象を相手に与え、事実旨みもありません。しかし、少ない材料でもちょっとしたコツさえ身につけておけば、料理も文章もおいしいものができるのです。そのコツとは何か？　さらに料理にたとえて言うなら、火加減がそれです。

　文章は、同じ言葉の並びでも、抽象から具体という火加減を持っています。抽象度を徐々に低くし、具体性を増していけば、読み手の心には焦げ目ならぬ、印象が強く焼きつくでしょう。この印象が読み手にどのくらい残せるのかが実力の分かれ目となります。勝者であるためには、社内で用意されているようなフォーマットに頼ってはなりません。誰でも書ける文章ではなく、あなたにしか書けない文章があなたを救うのです。パワー・ライティングは、読み手をとらえるためのコミュニケーション技術を教えます。抽象から具体へのプロセスを十分に本書で学んでください。

5. 文書は、組織の力を代弁する

　文章はそのまま、その人の認識している世界を映し出してしまいます。いい加減に書けば、読み手を重く見ない書き手の姿勢を表現したことになり、慎重に書けば読み手もまたそれを感じ取ります。文章の恐ろしさは、ちょっとした文章にも書き手の心がとらえる組織が明白に表現されてしまうことにあります。

　問題なのは、書き手自身は「いい加減」に書いたつもりも、「慎重」に書いたつもりもないのに、読み手がそう読み取ってしまうことです。ちょっとした言い回しが、読み手を不愉快にさせてしまうこともあるでしょう。あるいは、不適切な表現が読み手を憤慨させることもあるかもしれません。しかし、単に一字、一句のミスならそれほどあなたの地位を脅かすことはないでしょう。問われるのは、組織理解力と、今置かれている地位にふさ

わしい責任能力です。

　文章においては読み手をよく判断し、文書の性質を考えて、どのように文章を具体化して組織に貢献させるか、という組織の一員としての意識が問われているのです。どんなに多くの紙面を埋める文章でも、抽象論の連続では「いい加減」だと指摘されます。逆に、その文書に必要な抽象から具体への内容を持っていれば、たとえ短文であったとしても十分に目的を達するのです。

　あなたが所属する組織の中で、その置かれている地位や立場によって、書かねばならない文書も様々です。しかし、いかなる文書であっても、その組織に貢献するように作成するという点で目的は一つです。一枚の文書は書き手であるあなたの実力を証明するものであると同時に、組織の力を代弁するものであるということを忘れてはいけません。

6. 評価されることを念頭に書く

　文章が難解だと感じられるのは読み手の読解力がないせいだという言い訳は、社会人の文章には通用しません。よほど著名で芸術的な作家の文章ならともかく、文章が書き手の力を示すものである以上、読み手が理解できないようでは、社会人の書く文章としては失格なのです。

　学校教育の中で書く文章は、学習を目的として書くため、内容や表現が稚拙ならば、指導という形で補強が行われます。しかし、社会人として書く文章はすでに完成された文章として読まれ、外部文書であればそのまま流通してしまうのです。そこにいる読み手は、常に評価者であり、指導者ではありません。ああ、こうすればもっと文章がよくなるのにと仮に読み手が思ってくれたとしても、それを口に出して言うことはほとんど無いでしょう。つまり、一歩社会に出てしまうと、書いた文章を指導という立場から読んでくれる読み手は、もはや存在しないのです。

　書き手と評価者という関係は、読み手重視の文章作成プロセスを必要とします。パワー・ライティングはまさにそうした要求が生み出した読み手

重視の文章作成プロセスと言えますが、その真髄は、「評価に強い」という点にあります。「有罪」か「無罪」かという審判を善良な国民自らが下す、陪審員制の国アメリカで生まれたパワー・ライティングは、圧倒的な評価を求めた文章作成技術でありコミュニケーション技術なのです。

7. 文章が書けるかどうかは、語彙力ではなく思考力による

　「文は人なり」という言葉がありますが、文字は記号であっても、そこに描き出されるものは人の考えや心です。手書きであれば、文字の丁寧さがその人の気持ちや考えを表現している部分もありますが、印字された文字は、容赦なく書き手の思考をむき出しにし、言葉が足りなければ思考力の不足が、言葉が多すぎれば思考力の弱さが問われることになります。

　文章が書けないと思っている人の多くは、語彙力が足りないと考えていたり、読書が足りず知識が不足していると考えたりしがちですが、これは誤りです。文章は言葉と言葉、知識と知識の貼り合わせではありません。語彙力のまだ乏しい小学校低学年の子供たちの文章に感動させられたり、時にはひらがなばかりの幼稚園のこどもたちの短い文に感激したりするのは、そこに心があるからです。その心が、つたないけれども最もふさわしい言葉によって表現されているからなのです。

　このような文章は芸術的だなどと評されることもありますが、はたしてそうでしょうか？　子どもたちは芸術家気取りで書いたわけではなく、自分の中にある伝えるべきことがらを、自分の中にある数少ない言葉から選び出して使ったにすぎません。文章を書くということは、年齢に関係なくそうであるべきなのです。語彙力が足りないことを言い訳にするよりも、数少ない語彙であってもその中から自分が伝えたいことを最も表現できる言葉を見つけ出しさえすればいいのです。それが、思考と言葉とを結びつけ、パワーを与えるのです。辞書から拾った言葉を寄せ集めただけの文章は、あなたの文章ではなく、単なる語彙集でしかありません。辞書ではなく、あなたの中から言葉を見つけだしてください。読み手はそこにあなた

の思考力を感じるのです。

2. パワー・ライティングを学ぶ

1. パワー・ライティングの効果を高める3つのステップ

●ステップ1

　パワー・ライティングの効果を十分に高めるためには、いくつかのコツがあります。そのひとつが、一連のステップを踏むことです。詳しい内容は次節で述べますが、まず、どのような文章を書けばよいのか「Voice（ボイス）」（声）を聞くことです。すなわち、読み手（読者）は誰で、何を知りたいと考えていて、どのくらい詳しくそれを知らせる必要があるのかについて、条件があればその条件から、形式があればその形式から「Voice」を聞くことが必要です。最初に耳を澄まして「声」を聞く、それが第1のステップです。

●ステップ2

　「Voice」を聞いたら、次に自分のアイデアをイメージにまとめるために、「Picture（ピクチャー）」（絵や画像）を作るのが第2のステップです。私たちは、自分のアイデアを「言葉」という記号にする前に、「こんな感じの文章にしよう」というイメージを、絵のようなあるいは写真のような「Picture」として心の中に持っているのが普通です。それを実際に「絵」のように表現してみるのです。

　そして、最後にその絵を言葉という記号で表現していくのですが、記号の並びや種類には何通りもあり、最初からその正確さにこだわる必要はありません。とにかく、一度記号の並び、すなわち文章の形に整えることが大切なのです。

●ステップ3

 そして第3のステップは文章の「流れ」、すなわち「Flow（フロー）」を見ることです。文章を書くときにはどんなに急いでいても、近道をしようとは考えないことです。パワーのある文章を書くときには3つのステップをていねいに踏むことがとても大切なのです

2. ステップ1：「Voice」を聞く

 まず、最初のステップは、「声（Voice）」を聞くことです。多くの人は、すでにここでパワーを得るチャンスをなくすことが多く、基本的なステップでありながら、とても大切なステップなのです。あなたが、これから書こうとしている文章の条件をよく見てください。それは誰に読まれるものですか？　自分より上の立場にある人ですか？　それとも同じ立場に立つ人ですか？　一人の人に向けて書くものですか？　それとも多くの人に向けて書くものですか？

 このように読み手のイメージづくりから文章の準備が始まります。目を閉じて、読み手の姿をイメージしてみてください。あなたが書いた文章をのぞき込むその姿です。眉間にしわを寄せて読む姿を思い浮かべる人もいるでしょうし、うなずきながら読む姿を思い浮かべる人もいるでしょう。できることなら、うなずきながらあなたの書いた文章を読む、読み手の姿をイメージすべきです。眉間のしわを思い浮かべただけで文章を書く気が失せてしまうのが普通ですから、あなたの文章を納得して読む姿をできるだけイメージして前に進むことにしましょう。その手だては本書で十分に講じることができますから、まず書く意欲を高めるためにも、読み手を納得させるあなた自身をイメージすることが肝心です。

3. ステップ2：「Picture」を作る

 次に、何を書きたいのかをあなた自身が知ることが必要です。何を書けばいいかはあなたの手の中、あるいは心の中にあります。だれかがヒント

を教えてくれるわけではありません。焦りは禁物です。何も思い浮かばないなどと投げ出してしまう人もいますが、たとえ文書の提出期限が迫っていても、ここでいい加減に文字という記号で紙面を埋めてしまうなどという取り返しのつかないことをしてはいけません。

　大切なことはあなたの書きたい何かをはっきりと「Picture」にすることです。これは「絵」とも「写真」とも訳される言葉ですが、もし、出来上がった商品や製品があって、それについてまとめねばならないのなら、それを机の一番目立つところに置いて文章の構想をまとめるのも良いでしょう。あるいはこれから作る商品や製品ならばその青写真は必要不可欠です。私たちは想像以上に、何次元もの複雑で立体的な像をイメージすることのできる発達した右脳を持っています。ですから、もしそうした商品や青写真がなくとも、右脳に浮かぶ「像」をしっかりと記憶にとどめておくことさえできれば、文章の構想の90パーセントは出来上がったようなものです。右脳に浮かぶ像をとらえるための工夫も本書では詳しく述べますので、ここではいきなり文字にしないということだけをしっかり覚えておいてください。

4．ステップ3：「Flow」を見る

　文章はしょせん、文字という記号の並びです。数字が無作為に並べられたものでも、遠くから眺めると、文章が書かれているかのように見えることもあります。ところが、数字であっても作為的にある流れに沿って並べられたものは、一つのクリスマスツリーが描かれた巨大な絵に見えることもあります。大切なことは、文字という記号があなたの心の中にあるイメージを表現する「流れ（Flow）」を持っているかどうかなのです。その流れが不自然であったり、あるいは全く流れがなかったりすれば、文字であっても無作為な記号の行列に過ぎません。文章の場合は幸いなことに漢字がその中に含まれていれば、漢字そのものが一つの意味やイメージをも伝えることに一役買っていますので、一応意味を持つ記号のかたまりのように

見えます。が、実際には「流れ（Flow）」の無い文章が多いのです。

あなたが読んでいて苦痛を感じる文章があるとしたら、文字列が単なる無作為な記号の行列のように意味を持たなくなっているからです。これはあなたの読解力が無いせいではありません。文字に化けた記号があなたを苦しめているのです。文章は「流れ（Flow）」があってこそ文章なのです。エッセイや小説のみならず、目的が明確な実用文書ならなおさら事は深刻です。上司や同僚あるいは顧客を苦しめるような文章を絶対に書くわけにはいかないのです。

5. パワーの5段階

文章を書くためには、ウォーミングアップが大切です。ここまで、どこも飛ばさずに読んででくださったのなら、ウォーミングアップは十分です。読み手のイメージ、伝えたいことのイメージ、そして文章は単なる記号の並びではないのだという心構えがあれば、これから説明するパワー・ライティングのポイントもきっと理解できると思います。

さて、パワー・ライティングのパワーには5段階あります。パワー・ライティングはこの5段階のパワーの組み合わせで、内容を具体的にもあるいは抽象的にもできます。文章は具体的であればあるほど良いと思われがちですが、実はそうでもありません。読み手や条件によっては、さほど具体的な内容を要求されないものもありますし、極めて具体的に書かねばならない時もあります。

忙しい仕事の中で、文章の抽象度を自在に調節できれば、不要な時間を費やすことがないばかりか、本当に重要な文章に適切な時間をかけることができるのです。まずは、パワーの一つ一つの意味を十分に理解してください。この組み合わせと各種文書についての詳細な内容については第2章まで待っていただくことにして、ここでは各パワーの意味を段階的につかんでおいてください。

6. パワー０：読み手や書く目的など各種条件を検討する

　文章を書くためには少なくとも、次の3つの条件をよく検討しなければなりません。
　①読み手が誰かということ
　②書く目的は何かということ
　③必要とされている文章の量はどのくらいかということ
　この3つの条件によって、おのずとこの後のパワーの程度が決まってくるものもあります。例えば、文章の分量が200字と決まっていれば、パワー1あるいはパワー2までがせいぜいで、パワー3やパワー4はどうしても出せません。書き手自身がもっと具体的にしたくても条件が制約となって、これ以上の出力は望めないのです。パワー０のポイントは、条件によってどのくらいのパワーが必要になるかということを見定めることにあります。
　パワー０では文字は書きませんので、文章のパワーとしては「０」ですが、パワーの組み合わせを検討することはまさにパワー（力）のいることです。ここで見当違いなパワーの組み合わせを計画してしまうと、必要以上に苦労を強いられることになります。
　読み手や書く目的、そして与えられたテーマをメモ用紙に書き出した後、必要文字数の分量を確かめるために、文字数分の原稿用紙を用意するのも良いでしょう。また、必要文字数と同じ分量の文章を読んで、パワーの組み合わせを検討するのも一案です。どんなに大きなテーマであったとしても、条件次第でパワーの大きさは決まるのです。

7. パワー１：アイデアを提示する

　いよいよパワー1の段階に入ります。パワー1のポイントはアイデアを一つ提示することです。これが一行程度の長さで書かれていれば、トピックセンテンスなどと呼ばれますが、文の長さは問題ではありません。アイデアを一つ提示すること、それがパワー1のポイントなのです。
　ここでは、分かりやすい事例を挙げて説明しましょう。

例えば、「世界の珍しい動物」というテーマが与えられた場合、パワー1を満たすためには「オーストラリアには珍しい動物がいます」というように「オーストラリア」というアイデアを付け加えます。これによって「世界の珍しい動物」よりも、ぐっと抽象度が低くなり、読み手の心のイメージが具体化されます。あなたの目にもオーストラリアの大平原が浮かんでくるでしょう。アイデアというと、「思いつき」と同様に軽く受け取られがちですが、むしろ「考え」や「意見」と同義語で国際標準の言葉です。

パワー1では、アイデアを一つ提示することで、抽象度を低くし、読み手を自分のイメージの世界に引き込むことが大切です。

気をつけなければならないのは、欲張っていくつものアイデアをここで提示してしまわないことです。パワー1から全開状態にすると、後の出力にも大きなものが必要になります。それは結果的に読み手にも大きな負担をかけることになり、良い評価が得られない要因になることが多いのです。当然の事ながら、書き手自身もパワー4に至るまでに息切れし、良いアイデアも十分にサポートしきれず不完全燃焼で終わってしまいます。アイデアは一つで十分なのです。

8. パワー２：アイデアをサポートする根拠を挙げる

パワー2は、文章の抽象度を低くするために、パワー1のアイデアをサポートする具体例を一つあるいはいくつか挙げることがポイントです。例えば、パワー1で挙げた「オーストラリアには珍しい動物がいます」というアイデアに対して、「コアラは木の上に住む珍しい動物です」という文と「カンガルーは平原に住み、お腹のポケットで子供を育てる珍しい動物です」というサポート（根拠）の文を加えると、さらに抽象度が低くなり、読み手のイメージを具体化するパワーが高まります。

パワー1の一つのアイデアに対して一つあるいは二つの根拠が原則で、それ以上になるとパワー3以降で具体例をまとめる必要が生じてきて、読み手の目にも文章が複雑に見えてきます。大切なことは根拠の数ではなく、

最も適切な根拠を精選して挙げることです。読み手が理解しやすい根拠であれば抽象度は低くなり、逆に読み手が理解しにくい根拠であれば、抽象度が高くなります。数ある根拠の中から最も適切な根拠を選ぶのは難しいことですが、読み手、書き手双方がよく知っている例で、二つ挙げる時はその二つの例の関係も頭に入れておく必要があります。二つの例の相違が顕著であれば、その相違がアイデアをサポートすることになりますし、共通性があればその共通性がアイデアをサポートすることにもなるのです。

9. パワー３：根拠をサポートする―「なぜ」「どのように」

　パワー２で挙げた根拠をサポートすることで、文章全体の抽象度をさらに低くしていくことが必要です。パワー２では、パワー１のアイデアを具体化させるために、根拠を挙げたに過ぎません。根拠そのものが読み手になじみのない例であると、逆に抽象度が高くなってしまうことについてはすでに述べたとおりですが、根拠に対して何のサポートもなく、ただ挙げただけでは、読み手に無責任な印象を与えかねません。

　そこで、パワー３では、具体例に対して、「なぜ」や「どのように」などの問いに答える形で具体例の抽象度を低くし文章全体のパワーを上げることを目指します。例えば、「コアラは木の上に住む珍しい動物です」という文に対して、「コアラがどのように木の上で暮らしているかというと、」というように、「どのように」に答える形で抽象度を低くすることができます。また、「カンガルーは草原に住み、お腹のポケットで子供を育てる珍しい動物です」という一文に対しては、「なぜカンガルーがお腹の中で子どもを育てるかというと、」というように「なぜ」に対する問いに答えることでよりパワーをアップすることができるのです。

　パワー３のポイントは、文章全体のパワーを上げるために、パワー２の根拠について「どのように」や「なぜ」などの問いかけを使って、根拠の特徴を明確にすることにあります。

10. パワー4：根拠の客観的な裏付けを提示する

　パワー3での具体例へのサポートが適切な内容であれば、読み手は書き手のアイデアに対してかなりの理解を示してくれるでしょう。先の例を使えば、コアラやカンガルーの生態の特異性が明確にパワー3で述べられたならば、読み手は「珍しい動物」として納得するに違いありません。しかし、これだけではまだパワーは十分ではありません。

　例えば、コアラやカンガルーが生息しない土地に住む者にとっては珍しい動物でも、「世界の珍しい動物」とは断言できません。「珍しい」という言葉には「希少価値」の意味が含まれており、その動物が「希少」であることを誰もが納得する形で裏付けなければならないのです。パワー4のポイントはまさに、この「裏付け」にあると言えます。裏付けには種々の形があり、例えば、「統計によるとコアラの数は年々……」というように、「統計」で裏付けるのも一案でしょう。また、「自然保護区の担当者の話によると……」というように、「会話文」や「引用文」によって裏づけを取るという方法もあります。

　このパワー4のポイントは「裏付け」にありますから、誰にでも分かりやすい数値や、会話および引用の表現などを特に選んで用いることが大切です。とはいえ数値や会話そのものが複雑すぎると、逆に読み手の理解を得にくくなるので注意しましょう。

3. パワー・ライティングの実際

1.「パワーの素」を活かすには

　これまでパワー・ライティングの基本ステップや、パワー0からパワー4までの出力方法について述べてきました。3段階の基本ステップを踏みながら、抽象度を徐々に低くしていく方法について述べてきたわけです。次にお話しておきたいことは、文章を書くために、あなたの手の中にある

パワーの素を活かす方法です。

　文章を書くのが難しいと感じる大きな要因として、書き方が分からないということと並んで、何を書いていいのか分からないということが挙げられます。文章を書くためには、文章の源になる「パワーの素」のようなものが無くてはなりません。これまではそれを「アイデア」や「根拠」と呼んできました。しかし、心の中に浮かんだことが、アイデアや根拠と呼べるようになるまでには多少時間がかかります。アイデアや根拠として確信が持てるまでの間、あなたの手の中にある書くための手がかり、それを「パワーの素」と呼びたいと思います。

　さて、何の手がかりもなしに文章を書くことはできません。まずは、あなたの手の中にあるパワーの素を眺めてみてください。それが一つのこともあるでしょうし、たくさんある場合もあるでしょう。数が多ければその選択に悩み、少なければ不安がよぎります。しかし問題は数ではなく「何が、どう使えるか」ということです。

　パワーの素は一つでもかまいません。それを最大限に活かすコツをここで紹介しましょう。

2.「経験」というパワーの素は「順序」で活かす！

　例えば、報告書に活かすのに最も効果的なパワーの素は「経験」です。これを活かした報告書を書くためには、パワーの素である「経験」を細分化し、時間的あるいは空間的な「順序」を考え、並べ替えて文章にする必要があります。

　事の次第を報告する報告書ならば、時間の「順序」を軸として構成することになるでしょうし、見てきたものを伝えるための報告書であれば、空間的な「順序」を軸に、自分が見たものを、例えば外側から内側へと空間的な順序を意識して報告すべきでしょう。

　私たちはかつて子供の頃書いた遠足の作文のように、記憶をたどりながら、時間的順序に従って文章を作ることには比較的慣れているので、点

と点を結ぶように文章を作ることはそう難しいことではないかもしれません。しかし、記憶の中の出来事とは違い、現実の時間や空間は連続的な点でできていますから、すべての点を結ぶわけにはいきません。

　日記のようなプライベートな文章であれば、自分が書き残しておきたいことを考えて点を結んでいけばよいのですが、報告書のようなフォーマルな文章ということになると、読み手が何を知りたいかを考えて点を結んでいく必要があります。この場合も、順序を軸にしながら、パワーの出力を考えることがポイントです。

　例えば、研修会の報告であれば、パワー1は「順序の軸」がアイデアとなります。そしてパワー2は具体的に研修の日程表の「順序」に従って、特に大切だと思われる研修内容（経験）を2つほど挙げます。さら、パワー3では、パワー2の研修内容に対応するように、「順序」よく所感あるいは意見を述べれば良いのです。

　報告書で「順序」をキーワードとするのは、書きやすいからではなく、読み手が読みやすいからです。一連の経験の中から読み手が必要とする「点」を見つけ出し、時間的あるいは空間的な「順序」を使って、パワーを上げていくことが大切です。

3.「事実」というパワーの素は「問題と解決」で活かす！

　多くの実用文は、事実をパワーの素として書くことになるでしょう。特に、企画書の場合は効果的です。自分が持っている「事実」というパワーの素を「問題と解決」という構成になるように細分化することによって、アイデアを導きだし、パワー1からパワー4までを作り出すことができます。

　例えば、「売り上げが落ちている」という明らかな事実があったとしましょう。その「問題」が商品のデザインのマンネリ化にあるとあなたが確信しているのなら、「自社のイメージを壊さずかつ斬新なデザイン案」が「解決」策となります。そして、これまで最も売り上げが大きかった自社商品

のデザインと、現在最も売り上げが伸びている他社商品のデザインを「事実」に基づく具体例（根拠）として挙げ、先の「デザイン案」をサポートさせます。この場合、「自社のイメージを壊さずかつ斬新なデザイン案」がパワー1のアイデアとなります。そして「これまで最も売り上げが大きかった自社商品のデザイン」がパワー2、その詳細がパワー3、さらに「現在最も売り上げが伸びている他社商品のデザイン」が同様にパワー2、その詳細がパワー3ということになります。パワー4では、二組のパワー2とパワー3で挙げたデザインが、どのようにパワー1の「デザイン案」に至ったのか、そのプロセスを詳細に述べることになるでしょう。

　ここで大切なのは、数ある事実の中から読み手に最も説得力のある事実を選ぶことです。また、選択する「事実」を見誤ると、とんでもない見当違いの企画書を書いてしまうことにもなりかねません。そもそも「問題」として示す事実が確かに「問題」なのか、それを裏付ける事実も必要です。よって、こうした点に注意しつつ手堅く企画書を書くためには、まずは次項で述べる事実に基づく報告書を書いてからでも遅くはないでしょう。

4.「事実」というパワーの素は「原因と影響」で活かす！

　事実というパワーの素は細分化の方法によって、先に述べた企画書にもこれから述べる報告書にもなります。しかし、細分化の方法が分かっていなければ、報告書を書いたつもりが企画書になってしまったり、企画書を書いたつもりが報告書になってしまったりと、結果として読み手を迷わせることになるでしょう。

　「事実」を報告書にするためにはどうすればよいのでしょうか。それには事実というパワーの素を「原因と影響」という構成になるように細分化することがポイントです。

　例えば、前項と同様あなたの手に「売り上げが落ちている」というパワーの素があったとしましょう。売り上げが落ちているという「事実」は、営業成績の数値やデータがあり、「影響」を最も端的に示すものです。それ

に対して「原因」ですが、それが前項のように「商品のデザインのマンネリ化」にあるとあなたが確信しているのなら、報告書においてはこれが「原因」であり、アイデア（ここでは「考え」の意味）でもあります。そして、現在の自社商品デザインと類似の他社商品デザインやその売り上げデータを「事実」に基づく具体例として挙げ、「マンネリ化」が「原因」であることをサポートします。

　この場合、アイデアの「売り上げ低下は商品のマンネリ化が原因」がパワー1、そして例えば「自社同様売り上げが伸びていない他社の類似商品のデザイン」のうち、売り上げ低下が顕著な二つの具体例（根拠）がパワー2となります。パワー3は、自社をはじめパワー2で挙げた各社の売り上げ状況など、詳細なデータが売り上げ低下の「事実」をサポートすることになります。

　事実というパワーの素はどのようにも使えますので、どのような方法でそれを細分化し、パワーとして配置すべきかをよく検討することが大切です。

5.「他者」というパワーの素は「比較」で活かす！

　ここまでは「経験」や「事実」をパワーの素として最大限に活かすためのポイントを紹介しました。次に3つ目の効果的なパワーの素である「他者」を活かす方法をご紹介しましょう。

　ここでもパワーの素をどのように細分化するかがポイントです。「他者」というパワーの素は「比較」という細分化の方法によって、強力な企画書を作り出すことができます。

　例えば、あなたの手に「自社の製品に勝る同種の他社の製品」というパワーの素があったとしましょう。「勝る」と考えている以上、相違点や共通点を単に見つけただけでは意味がありません。他社の製品の「何が」自社の製品に勝っているのか、自社の製品の「何が」他社の製品より劣っているかを明らかにする必要があります。その明らかな差がアイデアになる

のです。さらにその「差」を具体的にするために、明らかに自社の製品よりも勝っている同種の製品を具体例として明示する必要があります。比較の対象は国内に限りません。国内から一つ、国外から一つ優れた製品の具体例を挙げても良いのです。そしてさらにそれぞれの具体例の特徴や詳細を述べ、それぞれの具体例をサポートすることが説得力のある企画書を作るコツです。

この場合、パワー1は自社製品に不足している、あるいは加えるべき「何か」（具体例との「差」＝アイデア）ということになります。そしてパワー2は、国内から一つ、国外から一つ挙げた優れた製品の具体例となり、具体例をさらに明確にするそれぞれの具体例の特徴がパワー3となります。さらにパワー4では、それぞれの具体例の詳細なデータや数値などを明示します。

このパワーの素を生かすためには、自社の力で改良、改善可能な「差」を持つ、優れた比較の対象を選び出すことがポイントです。

4. パワー・ライティングの5つの実践ステップ

パワー・ライティングには、基本的な3つのステップがあることは、すでに述べた通りです。Voice（声を聞く）、Picture（絵を作る）、Flow（流れを見る）の3つのステップですが、実践する場合には、Pictureのステップがさらに2つに細分化され、全部で5段階のステップとなります。

一般的には、文章を書くプロセスは書き手の手順を示して「構想」、「構成」、「記述」、「推敲」の4段階で紹介されることが多いようです。しかし大切なのは書き手ではなく読み手です。手順通りに書いたとしても、実社会では読み手に理解されない文章は生き残ることはできないのです。

パワー・ライティングのプロセスは、読み手をとらえるためのプロセスであり、常に読み手を我が身に置いて書くことを基本としています。そのため、最初は戸惑いをおぼえ、書きにくいと感じるかもしれません。しか

し、次に述べるパワー・ライティングの5つのステップを繰り返すうちに、いつの間にか、常に客観的に文章をとらえようとする、新しい書き手に成長した自分に気づくことでしょう。文章はただ回数を重ねれば上達するものではありませんが、効果的な文章作成プロセスの上に経験を重ねるのであれば、確実に上達していきます。

パワー・ライティングの基本的なステップについてはすでに紹介しましたので、ここではさらに実践的な文章作成のためのプロセスと事例を紹介し、パワー・ライティングの実際について述べたいと思います。

1. 実践ステップ1：「Voice」を明確にする

最初のステップは、「声（Voice）」を明確にすることです。基本的なステップですが、実は文章の運命はここに隠されています。まず、読み手が誰であるかを明確にしなければなりません。読み手が単数か、複数か、内部の読み手か、外部の読み手か、管理職か、同僚かなど、様々な読み手が考えられます。また、テーマを明確にとらえることもこのステップの大きな課題です。テーマは与えられたものがあるのか、あるいは自分自身で設定すべきなのかを明らかにする必要があります。例えば、テーマはすでに会議などで検討されていて、それを具体化するための文書を作らなければならない場合、テーマとは別にタイトルを自身で設定する必要性が出てくることもあります。

簡単な例を挙げると、テーマが「新製品のデザイン」という内容である場合、外観的なデザインと設計的なデザインの2つが考えられます。そこで、企画の内容を明確にするため「新製品のフォルムデザインの企画案」と限定したタイトルを付ける必要があるでしょう。できるだけ抽象度を低くし、あいまいさを避け、読み手が瞬時に内容を推測できることが大切なのです。

次に重要なのは、文書の量や期日などの条件を明確に把握することです。条件は、厳守しなければなりません。もし、A4で一枚と決められている

のならば、その一枚に収まるようにしなければなりませんし、期限が一週間ならば、その間に文書をまとめなければなりません。一方、条件は与えられた最大のヒントでもあります。これを満たせば、70点ぐらいの評価は得たようなものです。そういう意味で、条件が多いほど文書の作成は楽だと言えます。

2. 実践ステップ2：「Picture」を作る

　企画案のような、未知の物や事のイメージを読み手に伝えるのはなかなか難しいことです。試作品があれば、説得力が増すでしょうが、企画は形のあるものばかりとは限りません。それが、プランであったり、方程式であったりすることもあるわけです。

　大切なことはあなたの伝えたいイメージをはっきりと「Picture」にすることです。Pictureの訳語は絵や写真ですが、視覚的にとらえることがとても大切なのです。文字はしょせん記号にすぎませんので、これを並べようとすると、「平面を流れる列」にならざるをえません。しかし、人の思考やイメージは立体的で何次元もの世界を作り出すことができます。ですからイメージをまとめる初期の段階においては、いきなり文章のような記号の列にまとめるよりも、絵や写真に近い図や絵にまとめた方がずっと自然なわけです。

　このことについては、大脳生理学や認知科学的な視点からも多くの研究者がその裏付けを取っており、人の思考の働きもだいぶ解明されてきています。特に、右脳はイメージなどの情報を、左脳は文字などの記号の情報を扱うことが分かっており、右脳で得たイメージが左脳で文字に記号化されていく仕組みも解明されてきています。

　絵や写真ではありませんが、これに最も近い手軽な方法として、イメージマップ（図1参照）の作成があります。ここでは、イメージマップを作るためのソフトとして、パワー・ライティング用に開発された「Business Writer」（販売：アスク）での作成例をもとに、その手順をご紹介しましょう。

まず、図1はそのソフトで作成した小論文のイメージマップです。文字が多く並んでいるようですが、文章ではなく、イメージとしてまとめられたものです。

　心に浮かぶ、あるいは右脳に浮かぶと言ってもいいかもしれませんが、アイデアをまずPictureにする最も大きな理由は、せっかくのアイデアを「忘却」という不運から守るためです。言葉になる前のイメージのようなアイデアが「言葉」という記号に左脳で変換されるまでには多少の時間がかかります。後でメモしようなどと考えていて、思い出すことさえできないという経験は多くの方がお持ちでしょう。忘却は自然な大脳の働きではありますが、文章の核となるアイデアを失うことは与えられた時間の浪費につながります。面倒でも、視覚的に留めておくことが大切なのです。

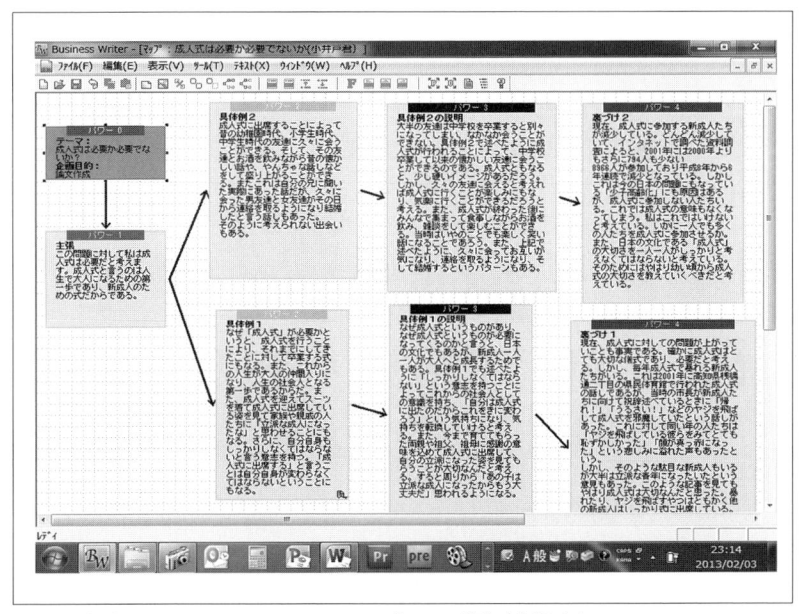

図1　ビジネスライターによるイメージマップ例（小論文）

3. 実践ステップ3：「Picture」をアウトラインにまとめる

　イメージマップが出来たら、それをアウトラインにまとめます。マップは全体の構造を図示したものですが、文章の流れはこれではわかりません。一度アウトラインにまとめ、全体がすっきりと流れているかを確かめる必要があるのです。抽象度が低くなるようにパワーが流れているかを確かめることになります。パワー1では明確にアイデアが書かれているか、パワー2では適切に根拠が挙げられているか、パワー3では根拠について的確に説明ができているか、パワー4では「データによると」、「調査によると」などの裏付けがあるかを見ていきます。図2はビジネスライターによる図1のアウトラインです。ちなみにこのソフトでは、1つのボタンをクリックするだけで、図2のようなアウトラインに変換することができます。

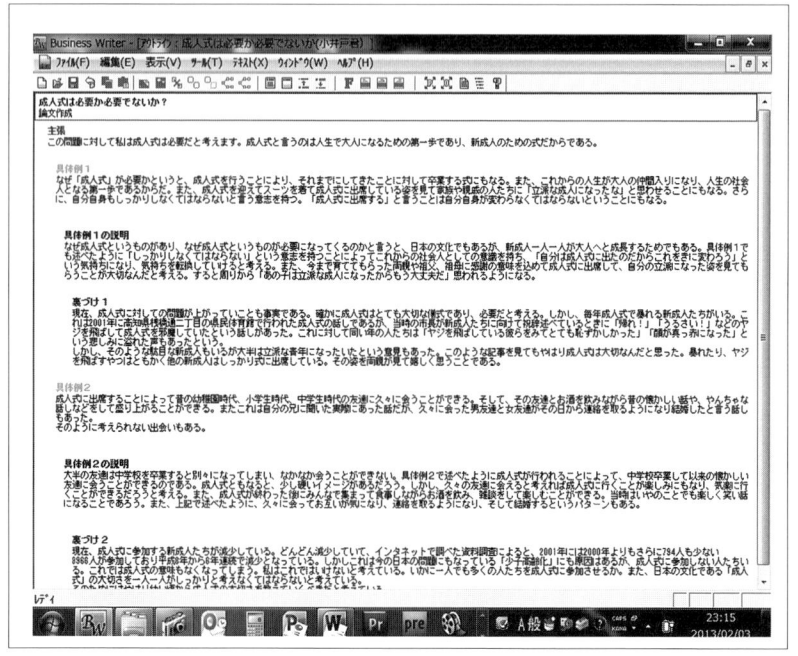

図2　ビジネスライターによるアウトライン例（小論文）

4. 実践ステップ4：アウトラインを文章にする

　アウトラインができたら、それを骨組みにして文章にまとめていきますが、イメージマップがしっかりとできていれば、アウトラインや文章はその内容を確認するに過ぎません。特に、アウトラインで各パワーの流れを確認していますから、このステップでは文のつながりはどうか、段落のつながりはどうかなどを主にチェックし、必要な文を挿入したり、不必要な文を削除したりします。

　ビジネスライターでは、アウトラインを日頃使っているワープロソフト上に、簡単にテキスト変換することができます。（図3）

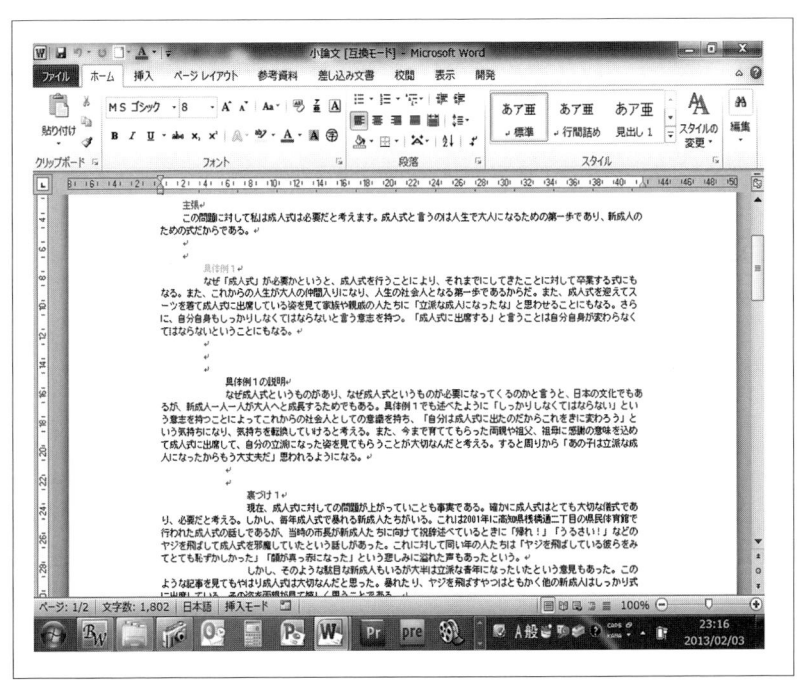

図3　ビジネスライターのアウトラインがワード上に変換された文章例（小論文）

5. 実践ステップ5：「Flow」を見る

　ひととおり文章の流れが決まったら、文章の流れを見ていく必要があります。いわゆる推敲や編集がこれにあたるのですが、できることなら他の人に見てもらうのが一番いいでしょう。仮に読み手から批判があったとしても、あまり気にすることはありません。大切なのは文章の内容がイメージできるかどうかであり、伝えたい内容が的確に読み手に伝わっているかどうかです。的確に伝われば伝わるほど、批判もあるでしょうし、もちろん同じだけの賛同もあるでしょう。賛否両論に分かれるということは文章の完成度から見るとむしろ高評価ととらえるべきです。伝えたい内容のイメージが鮮明であるということの証拠だからです。

5. パワーの組み合わせ　使い分けのヒント

1. 弱いパワー・ライティング：「0・1の組み合わせ」

　パワー・ライティングにおいては、抽象度の高いものを「弱い」と呼ぶとすると、当然パワー0とパワー1だけの組み合わせではパワーとしては「弱い」と言えます。単にアイデアを述べたに過ぎないわけですから、それだけで何かを伝えようとするのは難しいのは当然です。

　しかし、注意したいのは、場合によってはむしろ抽象度が高い（パワーが弱い）ほうがよい相応しいケースもあるということです。

　例えば、初対面の相手にあれこれと詳細な話をする必要はありませんし、会議の場でも具体的なことはいきなり聞かれることはありません。もしあなたの手の中にイメージマップがあるのなら、はじめのうちはむしろパワーの出力を調整してパワー0とパワー1でとどめて、読み手や聞き手の反応をうかがうのも一案と言えます。

　例えばパワー0とパワー1の組み合わせの例として、「断わり状」や「承諾状」があります。パワー0で相手の情報を十分に理解したことを示し、そしてその内容を受け入れるか入れないかをパワー1として示す文書で

す。抽象度は高いものの、イエスかノーを答えることでアイデア（考え）が示されるので、それ以上の記述は必要ないのです。逆に抽象度を低くして、具体的にしすぎてしまうと、かえって失礼な断わり状になったり、恩着せがましい承諾状になったりする可能性が出てきます。

　このように抽象度が高く、パワーの弱い文章の用途は決して少なくありません。大切なことは、必要があればいつでもパワーを上げることができ、抽象度を低くする構えがあることなのです。

2. 標準的なパワー・ライティング：「0・1・2の組み合わせ」

　照会状や依頼状をはじめ内部文書の多くは、パワー0・1・2の組み合わせで書くことが多いでしょう。パワー0で条件を明確にし、パワー1で主な内容や概要について触れ、パワー2で特筆すべき点や何を照会したいか、確認したいかの具体的な事項を挙げることになります。

　文章は短くても、パワー・ライティングとしてまとめるためには、常にパワー1からパワー2へと抽象度が低くなることを心がけねばなりません。また、パワー2はパワー1をサポートするようにそのつながりを十分に確認する必要があります。照会状や依頼状であっても、抽象度を低くすることで、書き手のパワーを読み手に伝えることができます。文章は単に意味を伝えるものではなく、書き手のパワーをも伝えるものであることを忘れないでください。

3. 力強いパワー・ライティング：「0・1・2・3の組み合わせ」

　パワー0・1・2・3の組み合わせの代表的な文書に報告書があります。パワー0で条件を明確にし、パワー1で主な内容や概要に触れ、パワー2で特筆すべき事項を挙げ、パワー3はパワー2をサポートするために意見や所感などを述べます。報告書によっては、パワー4の統計的な数値や調査記録を求められることもあるでしょう。

　A4の用紙1枚くらいの報告書であれば、パワー3までで充分です。ポ

イントは、パワー2で挙げる事項の数ですが、2項目に絞り、多くならないように気を付けましょう。この2項目に対して、パワー3でさらに具体的なサポートをしますので、読み手に負担がかからないように気を配ることが大切です。

　また、パワー2で挙げる事項の内容が十分に検討されていないと、かえって抽象度が高くなってしまいます。パワー2で挙げる事項は、パワー3で具体的にサポートができる事項に限定することがこの組み合わせを生かすコツと言えるでしょう。

4. 優れたパワー・ライティング：「0・1・2・3・4の組み合わせ」

　パワー「0・1・2・3・4」の組み合わせは、いわばパワー・ライティングのフルコースということになるわけですが、小論文や小説、レポートや提案書、企画書などがこの組み合わせになります。たとえば、企画書などの場合、パワー0で条件を明確にし、パワー1で主な内容や概要に触れ、パワー2で具体策を挙げ、パワー3は具体策によって予測される効果について述べます。そしてパワー4では企画が実行可能な裏付けとして費用などについて述べます。

　気を付けなければならないことは、だらだらと文章を書かないようにすることです。文章が長ければパワーが上がるというわけではありません。むしろそれを読まされる読み手は、ポイントがつかめずストレスを感じ、それだけでも不評を買うことにもなりかねないのです。文章量から言うと、パワー1からパワー4は末広がりの方が良いでしょう。パワー1で1つのアイデア、パワー2で1つの具体策、パワー3で2つの具体策の効果、パワー4では十分な裏付けというふうに、最初から欲張らずに、徐々に裾の方が広がった方が、読み手にも負担がかからないのです。

5. 最も説得力のあるパワー・ライティング：「0・1・2・3・2・3・4の組み合わせ」

　パワー「0・1・2・3・2・3・4」の組み合わせは、まさに最も説得力のある文章を生み出す組み合わせです。ぜひ通したい企画書や提案書など、読み手を説得し、パワーを最大限に示す場合に用います。アイデア1つに対して、パワー2と3の組み合わせが2つとなり、パワー4はデータや数値による裏付けとなります。

　ポイントは、パワー2と3の二つの組み合わせが、第1案、第2案というふうに並んで強化されており、ともにパワー1のアイデアをサポートしていることです。前項の組み合わせと似ていますが、2組のパワー2とパワー3の組み合わせにより、アイデアをより強固にサポートすることになりますので、たとえどちらかの組み合わせに異論が出ても、アイデアの印象は読み手に強く残ることになるでしょう。

　気を付けなければならないのは、パワー2とパワー3の2つの組み合わせが同じようなものにならないことです。同じような組み合わせでは、2つとも同様に異論が出ると、それでアイデア自体も否定されることになります。できるだけ違う視点を持った2つの組み合わせを配して、パワー4で統合させることがこの組み合わせのポイントと言えるでしょう。

　いかがでしょう、パワー・ライティングの基本的な考え方をご理解いただけたでしょうか。次章はさまざまな文例を示しながら具体的な手順を示した実践編です。それぞれの文章がどのようなパワーの組み合わせで構成されているのか、またその結果どのような効果を生んでいるのかを確かめて、自分が実際に文章を書くときに活かせるようにしましょう。

第2章

パワー・ライティングを使いこなすために
目的別 ガイドラインと文例20選

聴いた話を整理するための ガイドライン 📝①ノート

① 読み手と目的を見極める
- ノートは試験の時に見ることができるか？
- ノートを提出する可能性はあるか？
- テキストに対してノートはどのような役割を果たすか？

② 材料を集める
- キーワードは何か？
- キーワードを説明する要点は何か？
- 全体として何を言おうとしているのか？

③ 文章を書く
- ◆パワー1　キーワードを書く
- ◆パワー2　キーワードの詳細を書く
- ◆パワー3　全体を通して考えたこと思いついたことを書く

④ 推敲する
- ☐ キーワードとなる漢字に誤りはないか。
- ☐ カタカナ語にミスはないか。
- ☐ 数値などに聞き違いや勘違いのミスはないか。

⑤ 最終確認をする
- ☐ 大切な内容に下線を引く。
- ☐ まとめて覚えておきたい内容を線で囲むなど見やすくする。
- ☐ 忘れそうな内容を太字にする。
- ☐ 重要語をハイライト（蛍光ペンでマーク）する。

パワー1 キーワードを書く

パワー2 キーワードの詳細を書く

口頭主義	有罪か無罪か、有罪ならばどのような刑がよいのかを判断する根拠は、法廷で「述べられたこと」の中にある。
評議は乗り降り自由	自分の考えに固執することなく、他人の意見のほうが正しいと思ったらその意見に乗り換えてかまわないということ。
自由心証主義	心証という言葉を広辞苑（第6版）で調べると、「心に受ける印象／裁判官が訴訟事件の審理において、その心中に得た事実認識ないし確信。」と説明されている。
合理的な疑問	裁判員が証拠を見たり、聞いたりした結果、「本当に出されている証拠だけで有罪と言えるのか」、「証拠間に矛盾が感じられるが、間違いない証拠なのか」など、裁判員の心に起こる禁じえない疑問が「合理的な疑問」である。合理的な疑問がある場合は、裁判員は証人に「尋問」したり、被告人に「質問」したりすることで、「合理的な疑問」があることを法廷で意志表示することが可能である。
無罪の推定	「無罪の推定」は起訴状の朗読から最終弁論まで効力を持つ原則で、起訴状に書かれていることを被告人が事実だと言っても、検察官が裁判員や裁判官に合理的な疑問を残さない証明をしない限り、被告人は有罪ではなく無罪だということ。

パワー3 全体を通して考えたことを書く

〜考えたこと〜
被告人や証人の言葉が、書面にはない鮮烈な印象を裁判官や裁判員に与え、裁判官や裁判員の心証を形成する。裁判審理の間、証拠を注意深く見たり聞いたりしながら、得た印象を心にとどめ、評議でその印象を反映させた議論をする必要がある。評議の目的は、自分の意見を押し通すことではなく、最終的に適切で妥当な審判を下すことにある。合理的な疑問がある場合は、評議の場で意見することも大切なことで、無罪の被告人を誤って有罪にしてしまわないように気を付ける必要があると思った。

📖 ノートの取り方の6パターン

A型（縦置き）

B型（縦置き）

C型（縦置き）

縦左のスペースに要点やキーワードを、縦右のスペースにはその内容や関連することを書きます。下段のスペースには考えたことや思いついたこと、あるいは全体をまとめる内容を書きます。

　このノートの取り方のポイントは、自分の考えを書くスペースがあることで、授業の流れなどとは関係のない、自分の考えをメモすること。人の話を聞いていて、突然アイデアがひらめくことがあると思います。そんな貴重なアイデアを逃しません。授業の理解も深まります。

　上段の細いスペースには見出しを書きます。縦左のスペースには要点やキーワードを、縦右のスペースにはその内容や関連することを書きます。

　このノートの取り方のポイントは、要点やキーワードについての内容を1ページに収めること。そのため、上段の細いスペースには、授業の日付や教科書やテキストの章や節のタイトルなどを入れると良いでしょう。日付や章の変わり目でページを変えると後で見やすいノートになります。

　主に、話し合いの時などに使うノートの取り方です。6等分されていますので、6人の意見を聞いて書き込むことができます。同じ人の発言は同じスペースに書くと良いでしょう。また、パワーポイントのスライドも、スライドごとに1スペースずつ割り当てて書くと、スライドの流れを1ページでつかむことができます。

　このノートの取り方のポイントは、一つのテーマについて様々な見方や考え方をコンパクトにまとめることです。

D型（横置き）

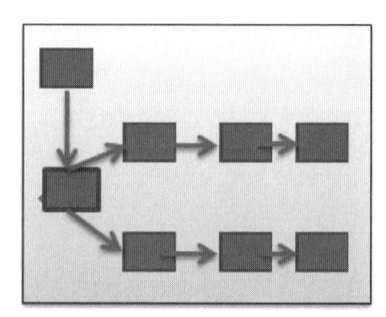

E型（横置き）

F型（横置き）

ノートの取り方の6パターン

　ダイアグラム（図）もノートの取り方の一つです。
話し手の話し方が速い時や、話が行きつ戻りつする時は、キーワードや要点の関係を矢印で結び付けておくと、後でノートをまとめなおす時に便利です。
　ノートの取り方は大きく線状のものと図状のものに分かれますが、文章は文字という記号による線状のノートの取り方であるのに対して、ダイアグラムは図状のノートの取り方となります。マップやフローチャートなどと呼ばれることもあります。

　上段の細いスペースにテーマやタイトルを書きます。縦左のスペースは空欄とし、縦右の広いスペースに感想文や小論文、レポートを書きます。
　このノートの取り方のポイントは、空欄のスペースに、後から他者のコメントなどが書き込めることです。また、ノートを横置きにして書くため、横書きではなく、縦書きで文章を書くことも可能です。
　空欄があると、後から内容を追加できとても便利です。

　上段の細い３つに区切られたスペースには、たとえば「過去」「現在」「未来」などと入れたり、あるいは「新聞」「ラジオ」「テレビ」などと異なるメディアの名称を入れたりして、一つの事を異なる観点で比較対照する時に便利なノートの取り方です。
　「比較」や「対照」という観点をノートに取り入れることで、思考が整理され、理解が深まります。

簡潔にわかりやすく書くための ガイドライン 📝②メール

① 読み手と目的を見極める
- メールを読むのは誰か?
- メールを書く目的は何か?

② 材料を集める
- 伝えたい趣旨は何か?
- 伝えたいことのポイントは何か?
- 伝えたことでどのようなことが期待できるか?

③ 文章を書く
- ◆**パワー1**　なぜメールを出したのかを書く
- ◆**パワー2**　現在どのような状況なのかを書く
- ◆**パワー3**　今後希望することについて書く

④ 推敲する
- ☐ メールの趣旨は伝わっているか。
- ☐ 日時や場所などの具体的な内容が漏れていないか。
- ☐ 相手に失礼な言葉づかいになっていないか。

⑤ 最終確認をする
- ☐ 一文が60文字以内で収まっているか。
- ☐ 文字の変換ミスはないか。
- ☐ 各段落の文章の最初の一文字は一つ下がっているか。

パワー1 メールの趣旨を書く

パワー2 現況報告を書く

パワー3 今後の希望について書く

宛先：茨城太郎先生　　差出人：石垣明子
CC：
BCC
件名：御礼（学籍番号　201001　石垣明子）

茨城太郎先生

　過日は大変お忙しい中、また厳しい炎天下の中、ご指導いただきましてありがとうございました。
長時間のご指導でさぞお疲れになったことと思います。
心より御礼申し上げます。

　茨城先生の専門的なご指導を本格的に受けることができ、光栄なことだと大変喜んでおります。9月17日には、本年度の水戸短編映像祭のコンペティション部門を見に行くことにしております。

　後期は9月24日が初日となりますが、後期の授業もどうか宜しくお願いいたします。

****
つくば国際大学　石垣明子
大学：〒300-0051　土浦市真鍋6-20-1
　　　Tel029-826-6000
メール：iiiii@aaa.ne.jp
****

忘れないで！

1. 件名は的確に内容を表すものを付けること。
2. 本文最初に相手の氏名を、適切な敬称を付けて入れること。
3. 本文末尾に、自分の氏名と連絡先を入れること。（署名）

電子メールの長所と短所

●メールの長所

ポイント1：経済的である

メールは切手代も要らず、紙代もインク代もかからない大変経済的なコミュニケーションです。一度相手とメールのやりとりができれば、それ以降はメールによる経済的なコミュニケーションを維持することができます。

ポイント2：明解な返信ができる

相手のメールをそのまま引用することで、相手が尋ねたいと思っていることに明解に答えることができます。また、相手が尋ねた内容に漏れなく答えることができます。

ポイント3：詳細な情報を手軽に伝えることができる

メールそのものは簡潔にまとめ、詳細はリンクページを紹介することで、手軽に相手に詳細な情報を伝えることができます。

ポイント4：素早く送ることができる

メールの文章が出来上がれば、遠い近いにかかわらず、瞬時にメールを送ることができます。また、メールは同時に多くの人に送ることができ、メールの文章はデータとして保存し、再利用することも可能です。

●メールの短所

ポイント1：確実に到着しない可能性がある

　相手のパソコンの不具合や送信元である自身のパソコンの不具合から、メールが送受信できない可能性があります。送受信できているかどうかも、相手からの返事がなければ確認することができません。また、相手のパソコンにメールが届いていても、迷惑メールとして振り分けられ削除されたり、相手がメールに気づかず放置されたりすることもあります。

ポイント2：他の人に流出する可能性がある

　メールはその送受信の手軽さから、自分が送ったメールが他の人に転送され、流出する可能性があります。また、多数の人に同時に送ることのできるメーリングリストのアドレスを宛先として送信してしまうと、関係のない多くの人に自分のメールが見られてしまうことがあります。

ポイント3：お手軽な感じを与える

　メールはその長所として手軽さがありますが、一方コミュニケーションとしては重みに欠ける「お手軽さ」を相手に感じさせてしまいます。大切な内容は、メールとは別に文書として相手に送る良識が必要です。

ポイント4：読み手に負担をかける

　メールの短所として意外に挙げられないのが、メールのつたない文章による読み手への負担。メールの手軽さゆえに、誤字脱字が多くなり読み手に負担をかけるということもありますが、思いつくままにメールの文章を書くことで、意味不明なメールを送り付けてしまい、読み手に大きな負担をかけてしまうことがあります。何度も読み直す

ことで誤字脱字や文法的におかしな箇所は修正できますが、メールもしっかりとした構成がなければ書き手の意図は伝わりません。

●メールによるコミュニケーションルール8

1. 私的なメールと公的なメールは区別する！（言葉づかいに気をつける）
2. 組織のメールの規則に従って！（メールでやりとりできない内容を確認すること）
3. まめにメールをチェックして！（コミュニケーション維持の努力を）
4. 必要な人だけにメールを送って！（一斉メールの要・不要の確認を）
5. 感情にまかせたメールは送らない！（流出という事態を想定すること）
6. 転送する時は、元の送り手の許可を得て！（メールにも所有権あり）
7. 宣伝文を勝手に送りつけないで！（メールアドレスの不正使用禁止）
8. 組織のコンピュータから発信したメールの所有権は「組織のもの」という認識を！

<<< 演習問題 >>>

課題：この新聞記事の内容から、どのようなことに注意してメールを扱う必要があると思いますか？「メールによるコミュニケーションルール」を参照しながら考えてみましょう。

メール流出事件！

　農林水産省は3日までに、インターネットメールに添付されたファイルを開くとコンピューターウイルスに感染する「標的型メール」が職員のパソコンに送られたと発表した。ウイルスは駆除し、感染を未然に防いだ。ただ、職員が業務上のメモなどをメール送信した際に外部流出した可能性もあるとみて調査を急ぐ。

　同省によると、職員1人が昨年12月に省内の約50人に業務上のメールを送信。このうち約10人に、1月10日に職員を装った送信元から同じ内容のメールが届いたという。不審に思った職員の報告を受け、ウイルスを隔離。内閣官房に解析を依頼したところ、標的型メールだと判明した。不審なメールを受け取った職員全員が添付ファイルを開かずウイルス感染は防げた。

　昨年12月にメールを受け取った約50人中約20人が同メールを自宅のパソコンに転送していた。同省は職員の自宅のパソコンからメールが外部に流出し、悪用された可能性が高いとみて調査を進めている。

（日本経済新聞　2012年2月3日　電子版）

感じたことを的確に書くためのガイドライン ③感想文

① 読み手と目的を見極める
- 感想文を読むのは誰か？
- 感想文を書く目的は何か？
- どのくらいの文字数で感想文を書くのか？

② 材料を集める
- 対象となるものから、何がわかったか？
- わかったことから、どのような印象を受けたか？
- 今後の自分の生活や行動に、どのような変化が生じるか？

③ 文章を書く
- ◆パワー1　わかったことの内容を書く
- ◆パワー2　わかったことの内容から受ける印象を書く
- ◆パワー3　わかったことによって、自分の生活や行動がどう変わるかについて書く

④ 推敲する
- □わかったことの内容は、対象を的確に示す言葉によって表現されているか。
- □印象を示す言葉は、自分の言葉で書かれているか。
- □自分の生活や行動の予測される変化について、具体的に書かれているか。

⑤ 最終確認をする
- □一文は60文字程度で書いているか。
- □主語の無い文はないか。
- □誤字、脱字はないか。
- □読者が読みやすいように、読点を打っているか。
- □文字の変換ミスはないか。

感想文「ラジオ講座を聞いて」

石垣　明子

パワー1　わかったことの内容を書く

　私がNHKラジオ高校講座「国語表現I」「大脳と表現すること」の放送を聞いて最も納得した箇所は、読み手にはイメージが一番強く残る、ということだ。確かに、よく考えられ、凝った作品であっても、一番よく覚えているものは頭の中で写真や絵となっている。

パワー2　わかったことの内容から受ける印象を書く

　今まで私は、文章を書くことはどちらかといえば左脳を主として使っていると思っていた。頭の中で考えたことを文字媒体を用いて具体化させていく作業は、多くの知識が必要となってくる作業であり、それは左脳が司る能力だと考えていた。しかし、言われてみればどんな文章を書くにしても、ある一定の記憶、つまり具体的なイメージがなければ、それは抽象度の増した一方的な主張になってしまうだろう。けれども、書き手が具体的なイメージを持ち、そこからマップを作り、抽象度を下げてアウトラインを整えていけば、読み手もスムーズに内容を理解することができる文章になるだろう。

パワー3　自分の生活や行動の変化を書く

　最近はレポートなどの期日に追われ、ゆっくり考えずに書き出してしまうことも増えてしまっていたが、焦らずに、まずはじっくり考えて書き出すことの大切さを改めて知ることができた。今後はそのイメージを読み手に伝えられる文章を書けるように努力したい。

<<< 演習問題 >>>

課題：次の文章を読んで感想文を書きなさい。

　毎年、秋から冬にだけ気分が落ち込む。やたらとご飯や甘いものが欲しくなり、眠くてたまらない－。そんな症状に苦しんでいるのなら「冬季うつ病」かもしれない。食欲や睡眠時間が増大し、春には自然に治るため、通常のうつ病とは異なり、治療法も違う。専門家に聞いた。
　冬季うつ病の症例はこうだ。女性（28）は大学生のころから、秋になると食欲が増し、朝は起きられなくなる。次第に睡眠時間が長くなり、抑うつ状態に陥る。12月が最もひどいが、4月にはすっかり元気になる。
　「食欲の秋や天高く馬肥ゆる秋、という言葉もあり、一般的にも多めに食べたくなったり、眠くなったりする。感傷的にもなりやすい」。日本大医学部の内山真教授（精神医学）は、誰でも季節の変化に影響されると指摘する。ただ「会社や学校に行けないなど、日常生活に支障があれば治療が必要」と言う。
　冬季うつ病は、季節性感情障害ともいわれる。通常のうつ病と同じく、気分の落ち込み、集中力や意欲の低下、疲れなどが見られる。特徴的な症状は過食と強い眠気だ。
　通常のうつ病は、食欲がなくなって体重が減り、眠れなくなる。冬季うつ病は逆で、例えば食欲は一日中、菓子パンやチョコレートのことばかり考えるほど強くなる。体重の増加は平均3.5～5キロ、10キロ以上のケースもある。
　患者は女性に多い。症状は10月ごろから始まり、3月には快方に向かう。これが2年以上続くと、冬季うつ病の可能性が高くなる。進行すると、夏は軽いそう状態になり、買い物をし過ぎたり、普段よりも社交的になったりする。
　冬季うつ病の原因は、日照時間や日の出から日没までの日長時間の短さ

に関係している。目が感じる光の刺激が減ると2種類の脳内ホルモン、セロトニンとメラトニンの分泌量が変化する。

　精神を安定させるセロトニンは減って脳の活動が低下し、うつ状態を引き起こす。一方、セロトニンの生成に必要な糖質を取ろうと、炭水化物を中心に食欲が強くなる。睡眠を促進するメラトニンは増えて、睡眠時間が長くなる。

　このため、緯度が高く、曇りや雨、雪の日が多い地域で起こりやすい。北欧ではよく知られた病気で、日本でも北海道や東北、北陸地方の日本海側に多く見られる。

　治療法は、明るい光を浴びる「高照度光療法」が有効とされている。専用の照明器具で人工的に光を浴び、体内時計を正常に戻す。器具は5000ルクス以上の青い光を出すものが良い。目の網膜に届かないと効果がないため、正面に器具を置いて本を読むなどし、なるべく午前中に30分から1時間ほど浴びる。

　国立精神・神経医療研究センターの三島和夫部長は「精神科の外来では、20人に一人は冬季うつ病といわれているが、普通のうつ病と誤診され、抗うつ薬を処方されて終わってしまう」と言う。高照度光療法は診療報酬の対象外で、導入しているのは一部の医療機関に限られる。専用の照明器具は、インターネットなどで2万～4万円で購入できる。

　冬季うつ病が悪化して室内に引きこもってしまう前に、自然光を利用するのも一つだ。治療に必要な明るさの5000ルクスは、曇り空や、晴れた日中の窓辺と同程度とされる。朝はカーテンを開け、午前中に外出して日光を浴び、夜更かしをしないなど、規則正しい生活を心がけるのも大切だ。

　内山教授は「冬季うつ病の存在を知っていることが生活のプラスになる。季節に応じて上手に行動するなど、自分なりの対策をすると予防になる」と話していた。（東京新聞　2012年12月25日）

調査したことをまとめるためのガイドライン 📄④レポート

① 読み手と目的を見極める
- ●レポートを読むのは誰か?
- ●レポートを書く目的は何か?
- ●提出の期日はいつか?

② 材料を集める
- ●調査したい内容は何か?
- ●どのような内容を、どのように調査すれば良いのか?
- ●調査した結果、どのようなことがわかったのか?

③ 文章を書く
- ◆パワー1　調査の目的や趣旨について書く
- ◆パワー2　調査の概要と結果について書く
- ◆パワー3　調査の結果から考えられること(考察)について書く
- ◆パワー4　調査のデータを裏付けとして示す(添付資料)

④ 推敲する
- □調査の目的と調査内容は合っているか。
- □調査の方法や手順などはわかりやすく書かれているか。
- □調査の趣旨と調査の考察は合っているか。提案の実行可能性は具体的なデータ等で示されているか。

⑤ 最終確認をする
- □見出しはわかりやすく書かれているか。
- □常体(〜だ、〜である)で書かれているか。
- □主語と述語の一致していないところはないか。
- □文字の変換ミスはないか。

レポート「3Dテレビについて」

石垣　明子

1.はじめに

　3Dテレビが発売され、世間の注目を集めている。今夏にはSONYが発売することを決め、企業の参入が今後も相次ぐことが予想される。パナソニックに続き、さまざまな企業が3Dテレビの発売を始める。量販店などの体験コーナーで実際に見た人もいるだろう。消費者のニーズに合わせた販売が第一に求められる中、消費者である私たちが注目する部分はどこなのか、問題はないのだろうか。今後どのように普及していくのか本レポートでアンケートや専門家のインタビューを通じて考察する。

2.調査概要と結果

　新商品には期待と不安が同時に発生するものである。そこで我々消費者がどのような不安を3Dテレビに対して持っているのか知るため、100人を対象に独自のアンケートを行った。さらに専門家に医学の観点からみた意見を伺った。

3Dテレビに不安なことはありますか。

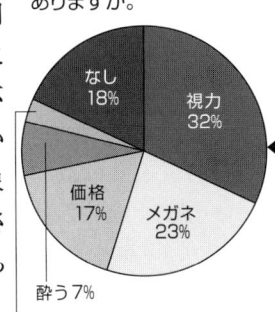

- 視力 32%
- メガネ 23%
- 酔う 7%
- 精神的な不安定さ 3%
- 価格 17%
- なし 18%

(1)アンケート調査結果

　つくば国際大学医療保健学部の学生100人に行ったアンケートの結果、視力低下を懸念する声が最も多かった。3Dテレビは従来のテレビの2倍の速さで映像を交互に映し、立体的に見せているので、目にかかる負担も2倍になる。その結果目が疲れるため、視力低下の不安に繋がるのである。さらに必ず装着するメガネにも「値段」や「重さ」などの面で不満の声が挙がった。

パワー1 調査の目的や趣旨

パワー2 調査の概要と結果

パワー4 調査のデータを裏付けとして示す（添付資料）

パワー3 調査の結果から考えられること(考察)

(2)専門家へのインタビュー

　3Dテレビについてさまざまな不安がある中、身体に与える影響について、つくば国際大学医務室の看護師に話を伺った。医務室を担当する看護師によると、3Dテレビもただ見ればよいというものではなく、次のような点に注意しなければならないという。画面の大きさの3倍の距離から視聴する。(50V型ならば1.8mの距離を置かなくてはならない)画面の正面に目線をあわせる。(狭い部屋や家の場合、一人ならば正面から見ることができるかもしれないが3～4名の家族などでは見ることが不可能に近い)頭を傾けられないなどがそうである。3Dテレビはそれらの性質から目の疲労はもちろん、乗り物酔い、知覚・方向感覚の異常といった症状がでる可能性もある。以上のような症状が出た場合、すぐに視聴を中止しなければならない。

　そして意外と知られてないのが、3Dテレビは横になって見ることができないということだ。3Dテレビは横になって見ることを想定して作られておらず、映像の融合が困難になり眼精疲労を引き起こす可能性があるという。

3.まとめと今後の課題

　この先3Dテレビは普及していくであろう。しかし一方で、アンケート調査や専門家のインタビューに見られるように、3Dテレビの問題を指摘する声も挙がっている。

　アメリカの眼科専門医も、新しい知覚経験は脳に負担となり頭痛が起きるリスクがあると指摘しており、視力や脳の成長過程の途中である5～6歳までの子供には、3D映像を控えなければならないとしている。消費者の不安を確実に解消し、快適に3D映像を楽しむために、これからの企業側の努力と動向に注目したい。全ての家庭で3D映像を見ることができるようになるのは、まだまだ先になりそうである。

レポートを書く手順と留意点

1. レポートとは
　レポートは字数の制限がなく、観察や調査、研究した事柄を客観的に述べた文章です。「言いたいこと」を「筋道立てて述べる」という基本は他の文章と同じで、論理的でなければなりません。

2. レポートの種類
- 学生が求めに応じて提出する学術的な報告文
- 課題についての調査・観察・研究などの報告文
- マスコミで事件・事故の内容等を現地から寄せる報告文

3. レポート作成プロセス
①課題の切り口（予測や考え）を決めます。
　切り口を考えるために、マップを作成したり仲間とディスカッションしたりするのも良いでしょう。
②予測や考えを裏付けるデータや資料を集めます。
　データ収集には、図書館やインターネットを利用するほか、アンケートを取ったり、インタビューをしたり、実験をしたり、観察をしたりする方法があります。与えられた時間を考えて、最も効率の良い方法を選びましょう。
③集めたデータや資料を分析して、予測や考え方が正しいことを証明します。
　集めたデータや資料を提示しただけでは裏付けになりません。データをグラフにしたり、図にしたり、二つの資料の共通性や違いを明らかにしたりして、分析することが必要です。

分析結果は予測した内容や考え方が正しいことを裏付けるものとならなければなりません。
　もし予測と反する結果になった場合は、予測や考えを改めるか、データの収集方法などを見直す必要があります。

4. 調査のしかた

　調査には、観察や実験なども含まれますが、まずは図書館に行き、課題についてどのようなことが分かっているかを確認する必要があります。図書館に行かなくても、今日ではインターネットで多くの情報を得ることができますが、インターネットで得た情報は参考文献とするには十分な信用を得られません。インターネットで調べた内容は、最終的には本で確認したり、その場所に行って自分の目で確認したりすることが大切です。アンケートもよく似た内容がインターネットで行われていることもありますが、信用度は低いものが多く、そのような結果を用いた場合は、レポートそのものの信用を損なう可能性があります。手間はかかりますが、できる範囲で良いので自分でアンケートを実施しましょう。

5. メモについて

　メモには次のような種類があります。
　①備忘のためのメモ（電話帳や住所録など）
　②理解を深めるためのメモ（授業ノートなど）
　③伝えるためのメモ（伝言メモなど）
　④表現するためのメモ（スピーチメモなど）
　ポイント1：備忘のためのメモなら、全ての言葉をメモしなくても、番号やキーワードなど数値だけでも十分なメモと言えます。間違っては困る数値や固有名詞は正確に聞き取るようにしましょう。
　ポイント2：メモのためのノートはしっかりとした大判のものを用意し、相手が話し始める前にノートを出しておくことが大切です。

ポイント3：スムーズにメモを取るためには、ノートだけではなく筆記用具も使いやすいものを普段から携帯するようにしましょう。たとえば、3色バラバラにボールペンを用意するよりは、3色ボールペンを1本持っていた方が、持ち変える手間が省けます。また、書き初めの時点でなかなかインクが出ないようなボールペンは、メモには適していません。

ポイント4：メモを書くのが苦手な人は相手の了解を得て、ICレコーダーで録音するのも良いでしょう。可能ならば薄型軽量のパソコンを持参してメモするのも良い方法です。自分に一番合ったメモの方法を考え、メモの訓練を重ねることでメモする力を付けていきましょう。

6. 参考文献の書き方

参考文献の書き方に、正しい書き方というのはありませんが、次のような書き方をするのが一般的です。あらかじめ指示された書き方がある場合は、それに従うようにしましょう。

参考文献記載例：

(1) 『体系的な「社会人基礎力」育成・評価モデルに関する調査・研究』
　　経済産業省　2011年3月
(2) 入部明子著『その国語力で裁判員になれますか？』明治書院　2008年4月
(3) 入部明子著「リーガル・リテラシー―裁判員制度下で求められる国語力の涵養のために―」
　　『研究紀要　第13号』つくば国際大学編　69―78頁　2007年3月
(4) 「社会人基礎力」経済産業省
　　http://www.meti.go.jp/policy/kisoryoku/freeitem.htm
　　2013年1月1日（更新日）

7. 情報収集の方法
①図書館を利用する
　日本の図書館のほとんどでは、図書カードや書物の配列は「日本十進分類表」によっています。

　十進分類法とは、あらゆる知識を1～9の数字を用いて分類（9分割）し、どの区分にも属さない全般的なものに0を用いる分類法です。そして、それらをさらに0～9に分けるという繰り返しで分類を細分化していきます。例えば「491」という分類は、知識全体を0～9に分けたうちの「4 自然科学」を0～9に細分化し、そのうちの「9 医学」をさらに0～9に細分化したうちの「1 基礎医学」ということになります。

②インターネットを利用する
　インターネットによる情報収集として、次のような4種類の方法があります。

　　○カテゴリー検索で探す（例えば「医学」）
　　○キーワード検索で探す（例えば「基礎医学」と「理学療法」）
　　○URLを直接入力して探す
　　　（例えばhttp://square.umin.ac.jp/jptf/JPTF/Index.html　日本基礎理学療法学会URL）
　　○リンク集を活用する
　　　（例えば「アリアドネ Resources for Arts & Humanities 人文リソース集」）

8. 調査結果を図示する

　図示する方法として次の3種類の方法があります。それぞれの特徴を考えて活用しましょう。

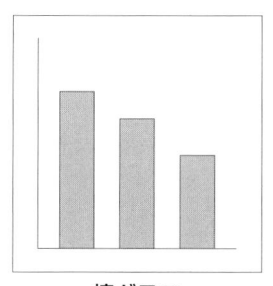

棒グラフ
量に連続性はなく、主にいくつかの項目の比較を行うときに用いる。

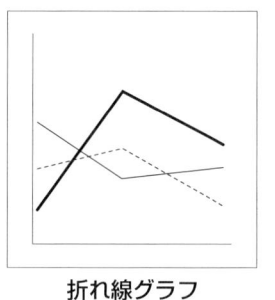

折れ線グラフ
時間とともに推移する量（度合い）を表すための図。

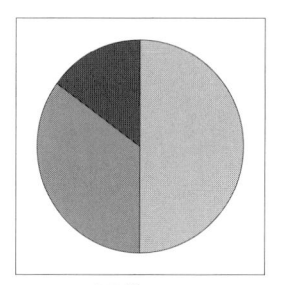

円グラフ
全体の中でのそれぞれの要素の割合を視覚化する。

主張を書いて伝えるための ガイドライン ⑤小論文

① 読み手と目的を見極める
- 小論文を読むのは誰か?
- 小論文を書く目的は何か?
- どのくらいの文字数を、どのくらいの時間で書く必要があるのか?

② 材料を集める
- テーマに対し、何を主張するか?
- 主張の根拠となる事実や経験は何か?
- 根拠となる事実や経験は自分の何を変えたか?

③ 文章を書く
- ◆パワー1　主張を書く
- ◆パワー2　主張の根拠となる事実や経験を書く
- ◆パワー3　根拠を使って主張を説明する
- ◆パワー4　より客観的な裏付けを使って補足説明する

④ 推敲する
- □主張に対して根拠は適当な内容か。
- □根拠を使って主張がわかりやすく説明されているか。
- □客観的な裏付けとして数値を含む資料や信頼できる資料が使われているか。

⑤ 最終確認をする
- □使用する語句に統一性があるか。
- □意味やある程度の文章の長さに応じた段落があるか。
- □一文は60文字程度になっているか。
- □誤字、脱字はないか。

小論文「これからの社会で求められる国語力とは」

石垣　明子

パワー1 主張を書く
　私は、国語力とはその人自身が持っている語彙力に等しいと考える。

パワー2 根拠を書く
　私は今、塾講師としてアルバイトをしている。小学生から高校生までの児童・生徒に国語や英語、数学など様々な教科を教えている。彼らが問題に取り組む中で、どの教科においても苦労しているのが、自分の知らない単語に出会った時なのである。高校生の現代文では、問題文の中でしか見たことのないような言葉も使われている。私が教えている高校生の中に、あまり本も読まず、語彙が豊富であるとは言い難い子がいるのだが、その子にとってみれば、現代文として出てくる文章は虫に食われて穴だらけになってしまった本の様な物なのだ。いくら読解力があったところで、そのように穴だらけの文章では何が書いてあるのかを把握することすら難しい。さらに最近の問題の傾向として、自分の意見を書かせたり、英文に対する日本語訳を一から作成させたりするなど、自分で"書く"力が試験で問われるようになってきた。

パワー3 根拠を使って主張を説明する
　自分の意見を書く時にも、訳文を作成する時にも、基礎的な語彙力がなければ正しく自分の意見を伝えることが出来ない。また、その学年に相応するような単語を使用していなければ、どんなに内容が優れていても第一印象で「稚拙である」と評価を受けることになってしまう可能性も否めない。そういった点でも、語彙力は重要になってくる。

パワー4 裏付けで補足説明する
　文部科学省はPISA調査（読解力）の結果を踏まえ、「相手や目的などに応じ、自分の考えを明確にして書く力が十分身に付いていない。」ことや、「根拠を明確にしながら、自分の考え方を述べる力や説明的な文章において展開や構成を正確にとらえる力が十分身に付いていない。」ことを指摘している。また、2000年度のPISA調査では、文章を読んで内容を理解し自分の意見を述べる形式の問題に対する無答率は約27.2％と4人に1人が何も書かずに答案を提出しているという結果になっている。自分の意見を相手に伝わるようにまとめるためにも、自分の気持ちを文章として形にするためにも、自分の感情を表現する言葉を知っていることが重要なのだ。(800字程度)

小論文作成のコツ

1. 小論文作成の準備

ポイント1：与えられたテーマに対して、自分は何を主張できるかまず考えることが大切です。例えば、「平和について」というテーマを与えられたとしたら、「私の平和について」というように、テーマの上に「私の」という言葉を付けて考えてみることがポイントです。そして思い浮かんだキーワードをメモしていきましょう。これがパワー1となります。

ポイント2：主張を理解してもうらためには、根拠が必要です。経験や体験などエピソード的な事実を根拠として使うことができます。最も主張を理解してもらいやすい事実を根拠として2つ用意しましょう。これがパワー2となります。その説明はパワー3となります。

ポイント3：根拠は主張を理解してもうためのものですが、主張が正当なものであることを証明するためには、根拠とは別に客観性のある裏付けが必要です。例えば、自分と同じ主張の「新聞記事を読んだこと」など、信用できる第三者による裏付けが小論文を説得力のあるものにします。これがパワー4となります。

2. 小論文の執筆

ポイント1

　●各パワーには次のような言葉が必要です。

　パワー1：文末に「〜と考える」など主張であることを示す言葉が必要

　パワー2：文頭に「私が」「私は」など自身の経験や体験による根拠であることを示す言葉が必要

　パワー3：文頭に「問題は」や「原因は」、「影響は（今後は）」などパワー2を踏まえた説明であることを示す言葉が必要

　パワー4：文中に「○○新聞では」や「○○省では」など、信用できる情報源であることを示す言葉が必要

ポイント2

　●一文は60文字程度にすること。それ以上の長さになる時は二つの文に分けるようにしましょう。

ポイント3

　●パワー1〜パワー4がその順番通りに配置されているのなら、接続詞を使わない方がすっきりと見えます。パワー・ライティングでは抽象度を下げることで文章の流れをつくっているので、逆接の意味の「しかし」は原則的には使用しません。

<<< 演習問題 >>>

「これからの社会で求められる国語力とは」

　私は、日本人として必要な国語力は「会話力」であると考える。なぜなら、日本は他人の発した言葉を鵜呑みにせず、その裏の真意を受け取ろうとする「解釈の文化」を持つ国だと感じるからである。

　国語科で身に付ける語法の一つとして、敬語が挙げられる。私は高校時代に上下関係の厳しい部活で徹底的に敬語を教え込まれた。堅苦しさを感じ快く思っていなかったものの、自分が先輩になってみると敬語の使えない後輩に対し良い第一印象を持つことは無かった。もちろんその一点で人格全てを評価することは無いが、出会いの場や交渉の場で重要であることは確かだと思う。

　高校生だった時には取り付きにくいと感じたものの、大学生になった今、敬語を使わない日はほとんど無い。社会に出れば敬語は一層重要なものとなるだろう。どれほど仕事に熱意を持ち、誠意を伝えようとしても、敬語を扱うことができないというだけで相手に悪印象を与えてしまうこともある。その場に応じた言葉を選び、コミュニケーションを円滑に行っていくために、敬語は会話力の基礎となる。

　文部科学省も「敬語の指針」として、敬語の重要性を"敬語は、人と人との「相互尊重」の気持ちを基盤とすべきものである。"[1] "敬語は、自らの気持ちに即して主体的に言葉遣いを選ぶ「自己表現」として使用するものである。"[2]と述べている。会話力は人との関わりの中で常に成長していく。私は生きていく力として、会話力を大切にしたい。

---

1 文部科学省「18. 文化審議会「敬語の指針」（答申）について」より引用
2 同上

課題：左頁の小論文は、p.79の見本と同タイトルの小論文です。パワー1～パワー4を意識しながら、同じタイトルで600字程度の小論文を書きましょう。

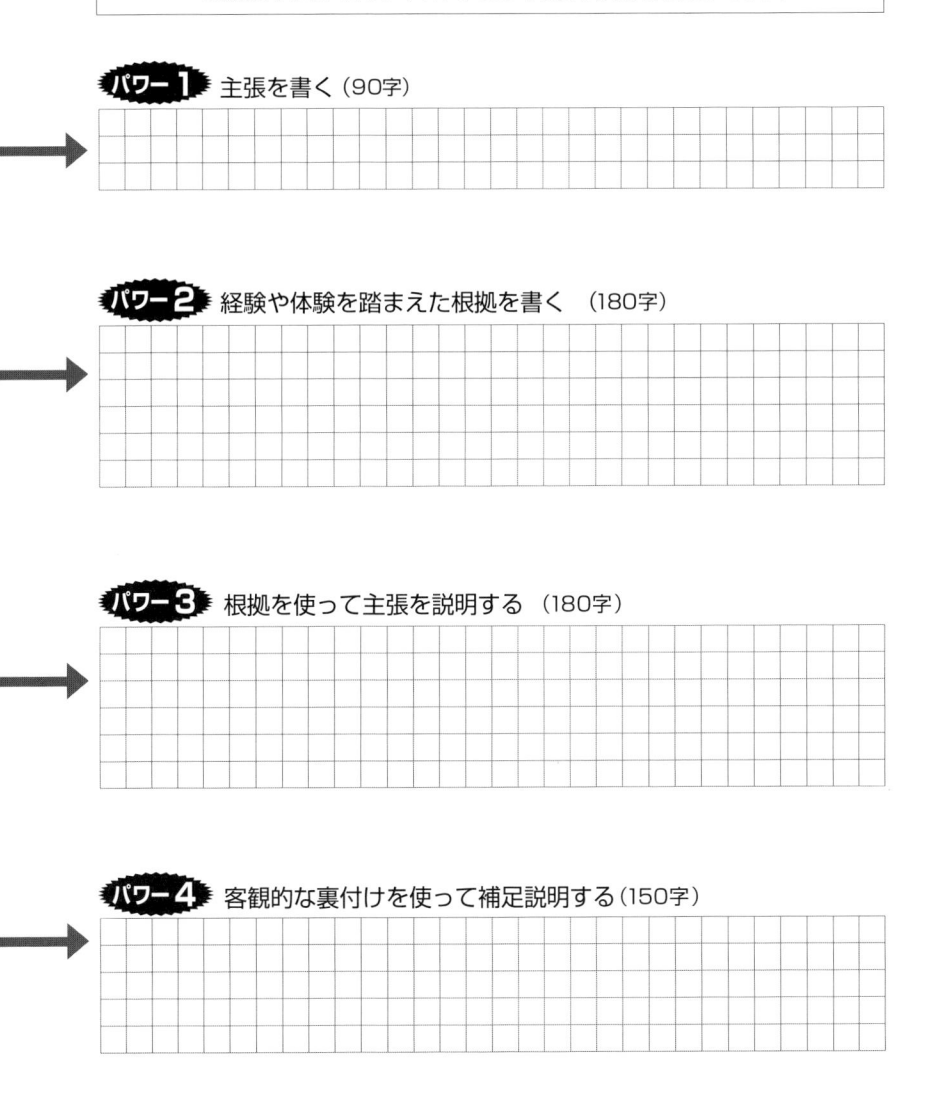

パワー1 主張を書く（90字）

パワー2 経験や体験を踏まえた根拠を書く（180字）

パワー3 根拠を使って主張を説明する（180字）

パワー4 客観的な裏付けを使って補足説明する（150字）

メッセージを伝えるための
ガイドライン ⑥エッセイ

① 読み手と目的を見極める
- エッセイを読むのは誰か?
- エッセイを書く目的は何か?
- どのくらいの文字数で表現するか?

② 材料を集める
- 伝えたいメッセージを一言で言うと?
- メッセージの原風景となる経験や体験は?
- メッセージを伝えることで何を変えたいか?

③ 文章を書く
- ◆**パワー1**　キーワードを使いながらメッセージを示す
- ◆**パワー2**　メッセージに関係する経験や体験を書く
- ◆**パワー3**　メッセージと現実との関係を書く

④ 推敲する
- □ キーワードはメッセージを端的に表しているか。
- □ 経験や体験は読者がイメージできるように具体的に書かれているか。
- □ 最後に現実との関係について述べているか。

⑤ 最終確認をする
- □ 意味やある程度の文章の長さに応じた段落があるか。
- □ 一文は60文字程度になっているか。
- □ 読者が読みやすいように、読点があるか。
- □ 誤字、脱字はないか。

エッセイ「タコ糸と自由」

大学1年　石垣　恒

パワー1　メッセージを示す

　僕は空を飛ぶ夢を見る事が多い。
　飛ぶというよりは、浮かぶ、たゆたう、解き放たれる。何分夢なので、鮮明に覚えてはいないのだが、そういう表現が正しいような気がする。決して飛んではいない、けれど落ちてもいない。空にいる、そんな中途半端な夢を見る事がよくあった。
　だがそれは、よく考えれば当たり前の事だ。何故なら羽ばたき方を知らない人間である僕が、空を飛ぶ夢を見る事が出来る筈がない。
　だとしても人間には想像力というものがあるのだから、飛ぶという行為をイメージしやすい情報をあらかじめ何かしら取り入れておけば、あるいは飛ぶ夢を見る事は出来るのかもしれない。飛んだ事がないので結局のところ、よく分からない。

パワー2　メッセージに関係する経験や体験

　しかし、飛んでいるかどうかは別にして、他にも僕は、空に浮かぶ不思議な夢を見る節に心当たりがあった。
　つまるところ、夢の中に出てくる空、それは自由をもっとも当てはめやすいイメージで具体化したものではないかという事である。しがらみのない、立ちはだかる壁もない本当の意味での自由を、僕は無意識下の純粋な思考で願い、表現しようとしているのかもしれない。
　だが僕自身が、空に浮かぶ中途半端な夢とそれを捉えている時点で、「僕の無意識」による目論見は失敗だと言えた。彼の見せる夢には必ずどこか違和感が付きまとうのだ。
　その違和感を言葉で表現するのはとても難しいが、ある時、僕はふと風に流され心許なそうにゆらゆらと空を泳ぎ去っていくそれを見て、違和感の正体に気付いた。
　ある日、また僕は空に浮かぶ夢を見た。
　ただしいつものそれとは少し違う。何が違うのかと言えば、自由の中にたゆたう僕の体から、一本の白い糸が伸びていて、それは迷う事無く遥か下の地上があるはずの場所へと伸びていたという点だった。
　僕は糸に繋がれたタコになっていた。それは自由というものとは程遠いように思えた。しかし不思議な事に、僕の夢からは不安が消えた。同時に僕は知る。

パワー3　現実との関係

　今まで僕の見てきた夢は、悪夢だったのだと。

エッセイを書く手順と留意点

1. エッセイとは

　日本ではエッセイ＝随筆の意味で用いられ、個人的日常生活のなかで感じた、体系的ではない芸術美や、作者の体験や経験などを踏まえた思想や思索などを形式にとらわれず、簡潔に述べた文学として確立されています。1951年（昭和26）には日本エッセイスト・クラブが設立され、1952年から賞も設けられています。

2. エッセイ作成のポイント

　エッセイは形式にとらわれず書くことができますが、伝えたいことのイメージを 明確につかんでおかなければただの日記のようになってしまいます。伝えたいこと（イメージ、アイデア、主張）を明確にした上で、経験や体験を用いて書くという点では小論文などと同じです。次のようなポイントを参考にしてエッセイを書きましょう。

　ポイント1：何を伝えたいのか形にする。たとえば、伝えたいイメージをまずは絵に描くというのも良い方法です。あるいは絵を描くのが苦手なら、イメージに近い物や景色などを携帯電話などの写真に撮っても良いでしょう。とにかく、伝えたいものを形にすることから始めましょう。

　ポイント2：次に伝えたいイメージを言葉で伝えるには、どのようなキーワードがあるかを考えましょう。キーワード同士の結びつきを考えるために、くもの巣状のマップにするとイメージが言葉の展開図として表現できます。

ポイント3：マップにした言葉の展開図を見ながら、読み手にわかりやすい表現になるように、キーワードの順番を考えるようにしましょう。この順番をアウトライン（構成）と言います。

3. 記憶することと表現することの関係

　読み手が文章を読んで理解するためには、読んだところまでの内容が記憶されていなければなりません。一時的な記憶なので、作動記憶と呼ばれていますが、読み手は常に記憶し、理解し、記憶し、理解するという作業を繰り返して全体を理解しています。その負担を軽減するために記憶しやすく理解しやすい表現になるように次のような点を工夫しましょう。

工夫1：内容を予測できるようなタイトルをつける。

工夫2：キーワードの順番を考える際に次のようなアウトラインにする。
　①時系列で出来事を書く（例：朝→昼→晩）
　②空間的な順序で様子を書く（例：一番右手→中央→一番左手，東西南北）
　③問題と解決という構成で出来事を書く
　④原因と結果という構成で出来事を書く

4. 大脳の働きと表現することの関係

　考えるという行為は、生理学的には「大脳」で行うとされています。大脳には、考える部分が二つあります。大脳には「右脳」と「左脳」があって、右脳では主にイメージのような全体的な内容を処理するのに対して、左脳では主に数式や文字のような情報的な内容を処理する働きをしています。まず、テーマに対して右脳を使ってイメージし、イメージした内容を忘れないように左脳を使って「言葉」にしましょう。イメージマップを書くことで、イメージをことばに留めることができます。下の図は見本のエッセイ「タコ糸と自由」のイメージマップです。数字はアウトラインを示したものです。

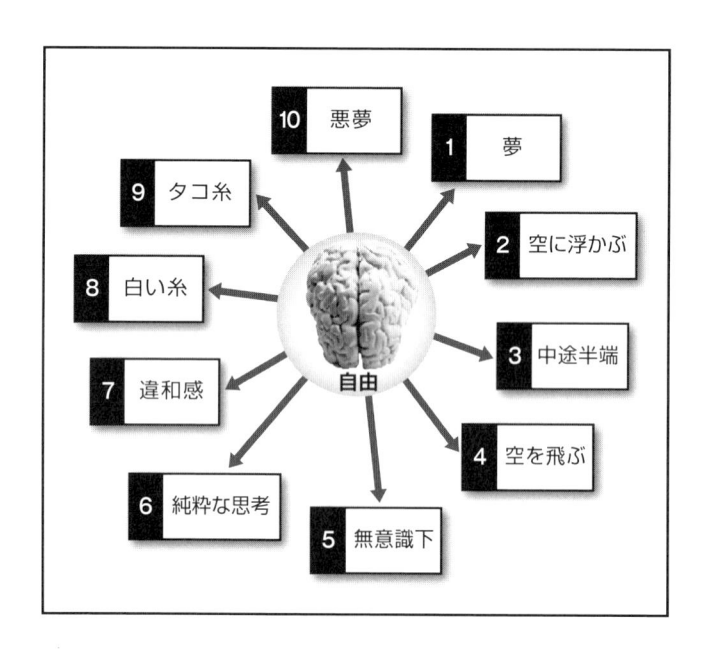

<<< 演習問題 >>>

課題：イメージマップを作成して、あなたの印象深い夢を素材としたエッセイを書きましょう。

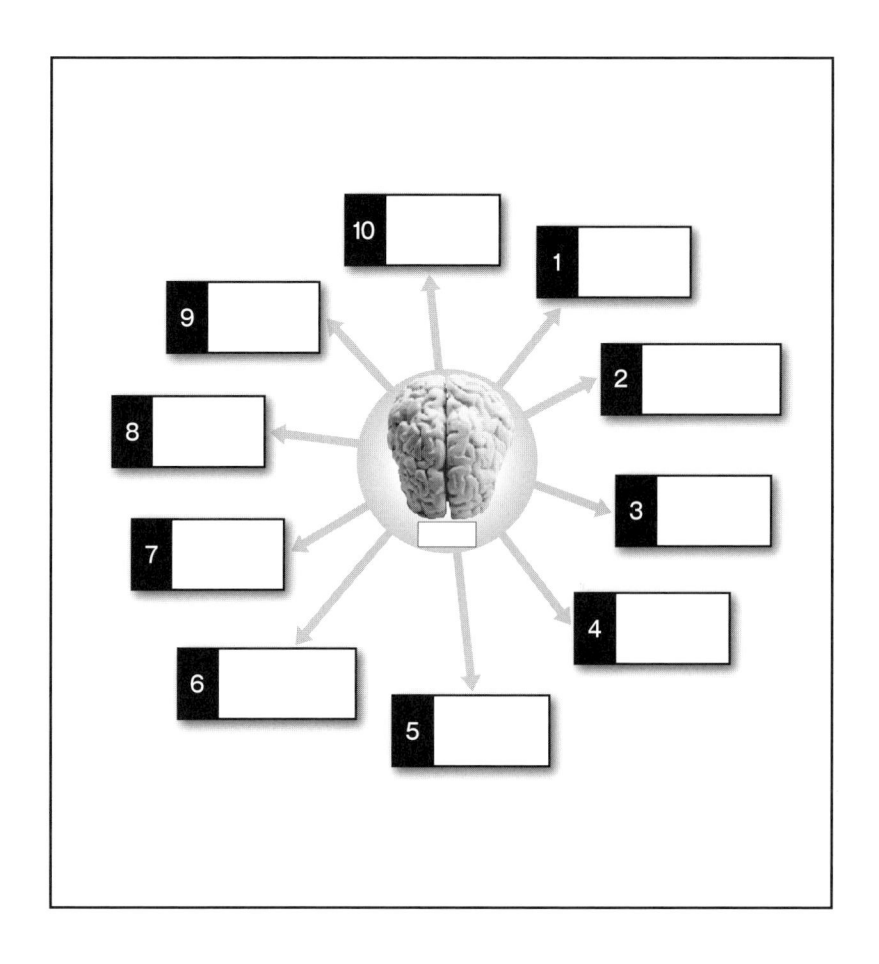

芸術性の高い文章を書くためのガイドライン ⑦短編小説

① 読み手と目的を見極める
- 小説を読むのは誰か?
- どのようなジャンル(ミステリーやライトノベルなど)にするか?
- どのくらいの文字数で表現するか?

② 材料を集める
- 初期設定(時代、場所、登場人物、結末)は何か?
- プロセス(結末までの出来事)は何か?
- ハイライトシーン(見せ場)は何か?

③ 文章を書く
- ◆パワー1　登場人物や場所、時代などの設定を説明する
- ◆パワー2　出来事を描く
- ◆パワー3　出来事の展開を説明する
- ◆パワー4　結末を描く

④ 推敲する
- □ 初期設定は具体的に書かれているか。
- □ 出来事と出来事の間に矛盾はないか。
- □ 結末は出来事の結果として適切な内容か。

⑤ 最終確認をする
- □ 会話は「　」に入れたり、改行したりするなど見やすいレイアウトになっているか。
- □ 一文は60文字程度になっているか。
- □ 話の飛躍したところはないか。
- □ 意味やある程度の文章の長さに応じた段落があるか。
- □ 誤字、脱字はないか。

パワー0

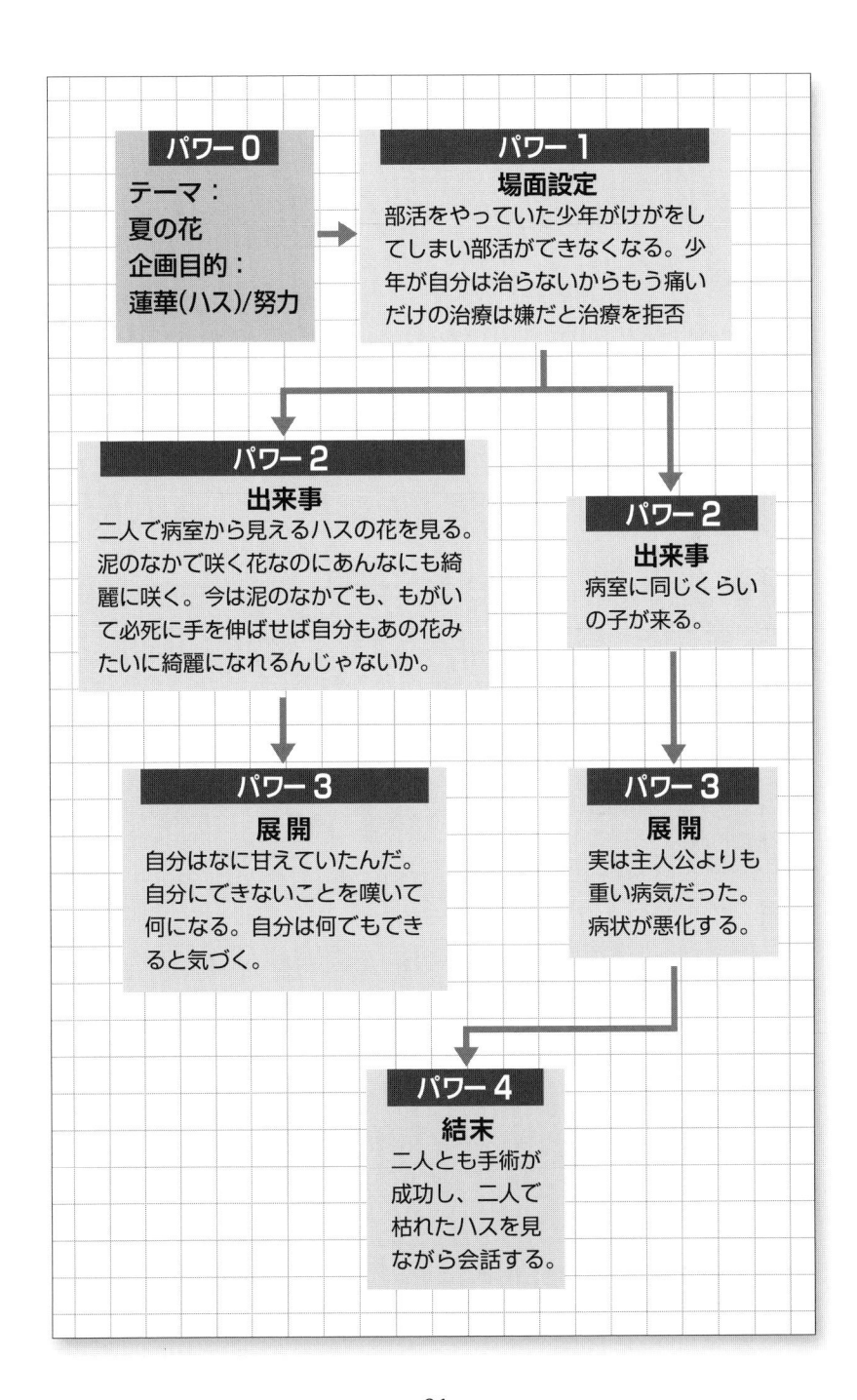

テーマ：
夏の花
企画目的：
蓮華(ハス)/努力

パワー1
場面設定
部活をやっていた少年がけがをしてしまい部活ができなくなる。少年が自分は治らないからもう痛いだけの治療は嫌だと治療を拒否

パワー2
出来事
二人で病室から見えるハスの花を見る。泥のなかで咲く花なのにあんなにも綺麗に咲く。今は泥のなかでも、もがいて必死に手を伸ばせば自分もあの花みたいに綺麗になれるんじゃないか。

パワー2
出来事
病室に同じくらいの子が来る。

パワー3
展開
自分はなに甘えていたんだ。自分にできないことを嘆いて何になる。自分は何でもできると気づく。

パワー3
展開
実は主人公よりも重い病気だった。病状が悪化する。

パワー4
結末
二人とも手術が成功し、二人で枯れたハスを見ながら会話する。

<<< 演習問題 >>>

課題：次の短編小説を読んで、前ページのイメージマップに書かれていた内容に、傍線を引きましょう。

短編小説 「夏と花と彼女」

大学2年　新妻　茜

　「夏」それはたくさんの人の勝負時である。部活をやっている人はもちろん、部活をしていない人は遊びに必死になり、受験生に至ってはここが正念場といっても過言ではないだろう。かくゆう自分も高校生になって始めたバスケ部での３年間の集大成が今年の夏だ。最初はドリブルすらうまくできなかったが、中学生のころからバスケをやっていた友人や先輩に教えてもらったり、一緒にゲームをやったりして今ではシュートも安定してきた。そんなある日、近くの高校と練習試合をすることになった。自分もメンバーに呼ばれて今回も頑張るぞ！と意気込んでいた。試合はお互い譲らず、まさに良い勝負だった。
　「パスパス!!」
　自分は取れると確信していた。高く飛んで、ボールまであと数センチ…。
　取れる。はずだった。あと少しのところでボールに手が届くはずだったのだが、相手チームにはじかれてボールを手にすることができなかった。そしてその時、相手チームの選手と体がぶつかってしまい、空中にいた自分はとっさのことで受け身も取れず、無理な体勢で着地してしまった。
　ゴキッと鈍い音が響きわたったのを聞いた。それが自分の左足から聞こえていると気づくには少し時間がかかった。試合の興奮からか、痛みを感じるまでも時間があったせいかもしれない。これだけ、たったこれだけのことで自分―前田大和（やまと）の夏は終わった。

足首の靭帯損傷だそうだ。人の足首には必ずある靭帯というところが、部分的に分断してしまっているらしい。長期固定療法という、ようは安静にしていれば完治するらしいのだが、自分にはどうでもいいことのように思えた。３年間毎日のように練習に明け暮れ、ついにせまった最後の試合。もうそれに出ることはできないんだ。それだけのように感じるが、それだけのことが18歳の少年をひどく絶望させた。そして少年は治療することからも遠ざかってしまった。

　大和の入院している病院は、まわりが田んぼのような泥畑に囲まれていて、夜はカエルの鳴き声が響き渡っている。町の喧騒のようなものはないが、これはこれで迷惑な話である。靭帯損傷くらいで入院とは大げさではないかと反抗してみたが「安静にしていられるのか？」と言われては、それ以上言い返せなかった。少しくらいなら今日は調子がいいからと、今にもバスケットゴールがある、近くの公園に駆け出しそうだったからだ。それに幸か不幸か夏休みに入り、授業に遅れることもなくなり入院が決まったというわけだ。

　毎日痛いだけの治療をする。こんなことをしたって試合には出られないのに。自己治癒力を高めて完治を早くしたところで、自分が出たいと望む試合には出られないのに。そんな気持ちがあってか、大和はあまり治療に前向きではなかった。ある日いやいやながらベッドの上でリハビリをしていると、斜め前の病室に一人の少女が入ってきた。あまり体が丈夫ではないのか透き通ってしまいそうな白い肌に、すらっと伸びた手足、くりっとした目と黒い髪が目を引く綺麗な少女だった。病室のネームプレートには秋本楓と書いてあった。

　彼女と話すようになって知ったことがいくつかある。彼女が自分と同じ年だということ、彼女は生まれつき体が弱く、入退院を繰り返していること、そしてとても花が好きだということ。

　ある日、彼女に誘われ非常階段に向かった。大和は安静のため車いすに乗っていて、楓は点滴を引きながら大和の隣を歩いている。

「大和君、小さいね。私の方がこんなに大きい！」
　楓はそう言いながら、自分と大和の身長を比べて見せた。大和は自分は車いすに座っているのだから当たり前だろうとあきれたが
　「俺が立ったら、楓なんてジャンプしたって届かねーよ」
　とおどけて返し、楓と笑いあった。
　そして二人で少し歩き、扉の前まで来た。
　「ここ、外に出られるんだよ」
　そう言って非常ドアに手をかけた。ここから外に出られるらしい。彼女は少しドアを開けると、
　「見て」
と少し先を指差した。彼女の指差した先には、溢れんばかりの蓮の花が咲き乱れていた。薄いピンク色の蓮の花は、泥の畑の中から太陽に向かって綺麗に咲いていたが、薄ピンクが何となくはかなく見えた。そして外に出ると、
　「綺麗でしょ？　私ここの蓮の花がすごく好きなの。蓮の花ってなんだか勇気づけられる気がして」
と話した。
　「勇気？　花を見ているだけで？」
　「そう、蓮の花ってね、泥のなかで咲く花なのにあんなにも綺麗に咲くの。だから私も今は泥のなかでも、もがいて必死に手を伸ばせば自分もあの花みたいに綺麗になれるんじゃないかなって思うんだ。」
　そういって笑った彼女はとてもはかなく、消えてしまいそうだった。後ろの蓮の花がそう見せたのか、いつも見ているはずの彼女の姿がとても切なく感じた。
　ある朝、病室内の騒がしさで目が覚めた。何かあったのかとカーテンから顔をのぞかせると、秋本楓のベッドにたくさんの看護師や医者が集まっていた。ただならぬ雰囲気を感じ取り、何とも言えない不安に襲われた。看護師たちから焦ったような声が漏れている。血圧がとか心拍がとか、知

らない言葉が聞こえ直感的に危ない状態なんだと知った。そしてその日から彼女は病室からいなくなってしまった。

　後から聞いた話だが、彼女の体は弱いなんて言葉で表せるものではなく、最近調子が良かったのが奇跡だったようで、今は集中治療室というところに居て面会ができないらしい。そんなそぶりを少しも見せなかった彼女が大丈夫なのかという不安と、具合が悪いというのにあんなに自分に明るく振る舞っていた彼女に、それに気が付けなかった自分に腹が立った。もやもやした気持ちのまま待合室をうろついていると、看護師たちが話しているのが聞こえた。

「まだ若いのにね」

「手術もうまくいくかどうか」

　なぜか直感的に楓のことだと思った。そこで看護師たちに尋ねた。

「秋本楓の話ですよね、そんなに悪いんですか？」

　すると看護師たちは顔を見合わせ、こう続けた。

「今週末に大きい手術をするのよ。とても難しい手術なの」

　そう言ってうつむく看護師に、大和はその手術の難しさを感じ取った。

　それから大和は、今は自分一人しかいない病室で、自分は何もできないのかと楓がいたベッドを眺めながら考えた。悶々と何の解決にもならないようなことを思いついては諦めていた。そして大和は車いすに乗り、非常階段に向かった。一人で向かう道は二人の時よりも長く感じた。車いすに乗ったままでは少し重い扉を開けて外に出た。前見たのと同じ風景の蓮のはずなのに、一人で見る花達はとても大きく健気に咲き誇っているように見えた。泥の中から生えているのに、その苦労を微塵(みじん)も見せないかのように鮮やかに咲いている花を見て、まるで楓のようだと柄にもないことを考えた。そして自分の足に視線を落とした。別に一生歩けないわけではない、安静にして少しリハビリをすればまたバスケットだってできる。自分にできないことなんてほんの少ししかなくて、自分に無限の可能性を感じた。高校最後の試合に出られなかった、最後だったのに。そう嘆くのは簡単で、

ベッドの上で何もしないで自分の悲劇を嘆いていればよかった。ただ自分にできることを考え出した今、行動を起こさなくてはならなくなった。リハビリをしよう。楓の手術が成功したら今度は二人で歩けるように、今度こそ楓を見下ろしながら自分の方が大きいんだぞ、そういえるようにしようと大和は心に決めた。なぜだか元気がでたこの場所に咲く蓮に「ありがとう」と告げ、病室に戻った。
　楓の手術も明日に迫り、大和の絶対安静が解かれた金曜日、その日から大和はリハビリを始めた。治療さえもあんなに嫌がっていた大和のその様子に、周りは驚きを隠せなかったが、一生懸命に歩こうとする大和の姿に戸惑いよりも応援したいという気持ちが勝ったようであった。リハビリをしている間にも大和は楓の手術のことで頭がいっぱいだった。むしろ何かしていないと自分のことではないのに不安で押しつぶされそうだった。難しい手術だと言っていた。失敗したらどうなってしまうのだろうか。自分のように少し動けないくらいなのだろうか。もしかして死んでしまうのではないだろうか。嫌なことばかり考えてしまう自分に活を入れ、今はただ成功することを信じて楓と並んで散歩できるようにリハビリを続けた。
　そして手術当日。昨日(きのう)はまったく眠れなかった。バスケの大きな試合の時でさえ深夜には眠りについていたはずなのに、そのせいでなんだか頭が痛かった。よく考えれば手術が成功しても失敗しても自分が知る手段がないことに途中で気が付いたが、とにかく祈るしかなかった。
　それから数日後、なんの連絡もなく大和の退院が急に決まった。日頃のリハビリのおかげで元のように走れるようになった大和だが、その顔はどこかさえないものだった。お世話になった看護師たちにあいさつを終え、病院を後にしようとした時だった。
　「大和君！」
　忘れかけていた、忘れられなかった、よく通る声が大和の耳に届いた。そこには相変わらず点滴を引いてはいるが、前よりも幾分顔色の良い楓の姿があった。

「ほんとに私より大きいんだね」
　そういって自分を見上げる楓の姿に手術が成功したことを知った。
「当たり前だろ？　もしかして楓が縮んだんじゃないのか？」
　気になることはたくさんあるが、今は聞かないほうがいいだろうと思った。
「せっかくだから近くで見ないか？」
　そういって蓮の花の咲いていた畑のほうを指差すと、楓は嬉しそうにうなずいた。久しぶりに二人で見た蓮はあの頃見たものと違って見えた。
「枯れちゃってるね」
と寂しそうにつぶやいた楓の言う通り、蓮の花は枯れてしまっていた。近くでみる蓮の枯れた姿は遠くで見ていたものとは違って、枯れてしまっているものの、泥の中に根を張る姿は力強く、勇ましく見えた。その姿は病気と闘いながらも強く生きている楓を連想させた。

スライドを作るための ガイドライン 📄 ⑧プレゼンテーション

① 読み手と目的を見極める
- プレゼンテーションを聞くのは誰か?
- プレゼンテーションで伝えたいことは何か?
- プレゼンテーションの時間はどのくらいか?

② 材料を集める
- プレゼンテーションの趣旨を伝えるキーワードは何か?
- キーワードを説明する資料やデータは何か?(写真や映像、音声を含む)
- 資料やデータによって伝えたいことは何か?

③ 文章を書く
- ◆**パワー1**　目的や趣旨を示す(スライド1枚)
- ◆**パワー2**　データや資料を具体例として示す(スライド2枚～4枚)
- ◆**パワー3**　自己の考え(考察)を示す(スライド1枚)

④ 推敲する
- □ 目的や趣旨はキーワードを使って、明確に書かれているか。
- □ データや資料は趣旨に合った内容か。
- □ データや資料を踏まえた考察となっているか。

⑤ 最終確認をする
- □ 一文は20文字程度になっているか。
- □ 文字のフォントサイズは28以上あるか。
- □ 各スライドに見出しはあるか。
- □ 文字の変換ミスはないか。

> **パワー1** 発表の目的や趣旨を示す
> 「本発表では〜について調査し、考察したことを発表いたします。」

↓

調査の目的

◆今年は3Dテレビが発売され、3D放送も開始された。まさに3D元年といえる。

◆3Dテレビの3Dグラフィックによる眼や脳に与える負担、影響が今後どう出るかが問題視されている。

◆どこまで3Dテレビが家庭に普及するのか。

◆3Dテレビへの期待あるいは問題点について、率直な市民の声を聞き、また専門家の声も聞いて、3Dテレビの今後を考察する。

> **パワー2-1** データや資料を具体例として示す
> 「まず次のような調査をしました。その結果〜ということがわかりました。」

↓

調査1

3Dテレビに不安なことはありますか

- なし 18%
- 精神的な不安定さ 3%
- 酔う 7%
- 価格 17%
- メガネ 23%
- 視力 32%

◆アンケート調査
 ・医療保健学部の学生100人に調査した

調査結果
■アンケートの結果では視力低下を懸念する声が最も多かった
■装着するメガネにも「値段」や「重さ」などの面で不満の声が挙がった

パワー2-2 データや資料を具体例として示す
「さらに次のような調査をしました。その結果〜ということがわかりました。」

↓

調査2

◆専門家へのインタビュー
・医務室の看護師に話を伺った
・3Dテレビもただ見ればよいというものではなく次のような点に注意しなければならないという

■画面の大きさの3倍の距離から視聴する
■画面の正面に目線をあわせる
■頭を傾けない
■3Dテレビは横になって見ない

パワー3 資料やデータの結果を踏まえ自己の考えを示す
「調査の結果〜がわかり、…が言えます。」

↓

考察

◆この先3Dテレビは撮影技術や編集技術の発展とともに普及してくだろう。しかし一方で、アンケート調査や専門家のインタビューに見られるように、3Dテレビの問題を指摘する声も多い。

◆消費者の不安を確実に解消し、快適に3D映像を楽しむため、これからの企業側の努力と動向に注目したい。全ての家庭で3D映像をみることができるようになるのは、まだ先になりそうである。

プレゼンテーションの心得

1. 準備
①プレゼンテーションの流れを考える

　プレゼンテーションは参加者にわかりやすい流れを考えることが最も大切なことです。ガイドラインに示したように、まず発表の目的や趣旨を説明し（パワー1）、次にデータや資料などを示し（パワー2）、まとめとして自己の考え（パワー3）を示します。プレゼンテーションの流れをイメージするために、次のような絵コンテを作成するとよいでしょう。

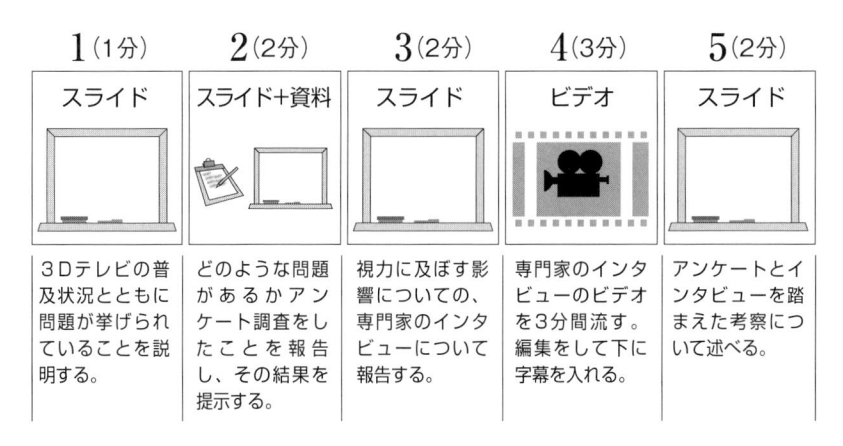

1 (1分)	2 (2分)	3 (2分)	4 (3分)	5 (2分)
スライド	スライド+資料	スライド	ビデオ	スライド
3Dテレビの普及状況とともに問題が挙げられていることを説明する。	どのような問題があるかアンケート調査をしたことを報告し、その結果を提示する。	視力に及ぼす影響についての、専門家のインタビューについて報告する。	専門家のインタビューのビデオを3分間流す。編集をして下に字幕を入れる。	アンケートとインタビューを踏まえた考察について述べる。

②スライドを作成する

　スライドを作成する時は、一つのスライドに多くの文章を詰め込まないように気を付けましょう。文字の大きさ（フォントサイズ）は28以上とし、それ以下になるようであれば、スライドの文章量を見直す必要があります。気をつけなければならないのは、グラフや図表などをスライドに入れる場合です。スライドにグラフや図表を入れれば、プレゼン

スクリーン上で読み取れるとは限りません。グラフや図表はスライドと同じものを配付資料として用意するようにしましょう。また、スライドのデザインもシンプルなものを選び、参加者の「見やすさ」を第一に考えてください。

③発表の準備をする

　グループで発表する場合も、個人で発表する場合も10分くらいの発表が多いでしょう。そのため、スライドは5枚程度用意し、1枚のスライドに2分～3分程度を使うようにしましょう。本当に10分で発表できるのか、時間を測りながら必ず一度はリハーサルをしてください。時間がかかり過ぎても、短すぎても他の発表者に迷惑をかけることになります。

④服装について

　発表そのものは言語的コミュニケーションですが、服装などの身なりは非言語的コミュニケーションとなります。服装は華美にならず、参加者が落ち着いて発表を聞けるように心がけましょう。大学生以上のプレゼンテーションでは、スーツが基本です。スーツが無い場合は、黒や濃紺などの落ち着いた色のジャケットを着用しましょう。夏場でもTシャツやトレーニングウェア（スウェット含む）、サンダルの着用は好ましくありません。

２．発表

①プロジェクターや音声の確認をする

　発表の前には、必ずプロジェクターと音声の確認をしてください。発表時間に食い込むことなく、あらかじめ確認をすることが望ましいのですが、発表に入る前に落ち着いて機器をチェックし、発表メモなどの発表資料を見やすい位置に置きましょう。

②堂々と発表する

　スライドがあると、スライドに目をやってしまいがちですが、聞いている人の方を向いて堂々と発表することを心がけましょう。まず、一番左の

人に目をやり、次に真ん中の人、そして一番右の人に目をやります。また、手前の人、後ろの人と、聞いている人に順番に目をやるようにすると、参加者も関心を持って聞いてくれるでしょう。発表メモをただ読み上げるようでは、準備が不十分だと思われてしまうので、発表メモを見ないで発表するのが理想です。

③お礼を述べる

多くの人の前で発表するのは、とても緊張しますが、発表は終わりが肝心です。発表が終わったら、参加者の方を見てからきちんとお礼を述べましょう。「ご清聴いただき、ありがとうございました。」や「発表を最後までお聴きくださり、ありがとうございました。」という丁寧なお礼の言葉で発表を終えると、参加者に良い印象を与えます。

3．反省

①発表資料の見直しをする

時間通りに発表できたか、言いたいことをきちんと伝えられたか、発表が終わっても不安は残りますが、発表が終わったら今後のためにもう一度発表メモやスライド、資料を見直し、整理しておきましょう。特に、スライドの電子ファイルには発表のテーマや発表日時や場所などをファイル名に残しておくと後で検索する時に便利です。

②アンケートを見直す

可能ならば、プレゼンテーション終了時にアンケートを実施するのも良いでしょう。どのような点が参考になったか、どのような点をさらに知りたかったかなどをアンケートの問いにしておくと、次回の発表の時に役立ちます。また、質疑応答の時間に出た質問や意見についてもきちんとメモに残して置くようにしましょう。

社会人基礎力を感じさせる文章を書くためのガイドライン

📝 ⑨自己PR文:エントリーシート

① 読み手と目的を見極める
- 自己PR文を読むのはどのような立場の人か?
- どのくらいの規模の組織に提出するのか?
- 自己PR文の文章量に制限はあるか?

② 材料を集める
- 自分をPRするキーワードは何か?(相手はどのようなことを期待しているか?)
- キーワードと関係する経験や体験は何か?
- 経験や体験を通して自分はどう成長したか?

③ 文章を書く
- ◆**パワー1**　　PRのキーワードを示す
- ◆**パワー2**　　経験や体験を書く
- ◆**パワー3**　　経験や体験を踏まえた今後の展望

◆キーワードは3回以上繰り返して使いましょう。右ページのキーワードは「メディア」ですね。
◆いつ、どこで、だれが、なぜ、なにを、どのようにしたのか、詳細に経験を書くようにしましょう。

④ 推敲する
- ☐ キーワードは相手が求めている人材像と合致するか。
- ☐ 経験や体験は独自の内容か。
- ☐ 成長や成果が経験や体験によって説明できているか。

⑤ 最終確認をする
- ☐ 意味やある程度の文章の長さに応じた段落はあるか。
- ☐ 読者が読みやすいように、読点を打っているか。
- ☐ 一文が60文字程度で収まっているか。
- ☐ 誤字、脱字はないか。

自己PR文の例

石垣　明子

パワー1　PRのキーワード

　私は幼い頃より、メディアについて大変関心を持っておりました。特にテレビ番組を視聴しながら、なぜその番組が面白いのか、どのようにその番組が作られているのか、番組の裏側や企画について興味がありました。そんなメディアへの関心が、今在籍している大学のメディア社会学科への道を開いたのだと思います。

パワー2　経験や体験を書く

　そのため、入学後すぐに仲間と短編映画を制作したり、また大学2年次ではJ:COM茨城（土浦ケーブルテレビ株式会社）と共同で「つくば国際大学CAMPUS　GUIDE」という番組を制作したりしました。番組は1か月更新で1年間（平成23年4月から平成24年3月まで）、土浦市を中心に4万世帯に放送されました。私は番組メインキャスターと企画・構成を務めましたが、番組の企画を立て、ロケハンをし、収録をするという作業は想像以上に大変なものでした。私は土浦の魅力を伝えたくて、土浦の「橋」のことや、土浦の城跡について放送しましたが、大きな反響をいただいた時はこれまでの苦労が報われ、心から番組を作ることの意義を感じることができました。

　平成24年度4月からはこれまでの活動が評価され、土浦市のテレビ広報番組において、市民アナウンサーとして活動しています。主にメインキャスターとして市のお知らせや地域の身近な話題などを紹介したり、市主催の事業の司会として活動したりする業務を行なっています。番組では、学生目線を大切にし、視聴者にわかりやすく丁寧に伝えることをいつも心がけています。

パワー3　今後の展望

　入学以来の種々の経験を生かし、水戸放送局で茨城の「すばらしさ」、「将来性」を地域での調査や取材を通して、番組作りに努めたいと考えています。

感謝の気持ちを伝えるための ガイドライン 🗐⑩礼状

① 読み手と目的を見極める
- ●礼状を読むのは誰か?
- ●礼状はメールか書簡か?
- ●礼状と同封するものはあるか?

② 材料を集める
- ●何に対してお礼を述べるのか?
- ●相手に今後どのようなことを期待するか?

③ 文章を書く
- ◆パワー1　感謝の言葉を示す
- ◆パワー2　今後のおつきあいについて言及する

④ 推敲する
- □相手に失礼のない言葉を感謝の言葉として使っているか。
- □今後のおつきあいについて、押しつけがましい言い方になっていないか。

⑤ 最終確認をする
- □相手の肩書や部署の記載に誤りはないか。
- □自分の肩書や部署の記載に誤りはないか。
- □拝啓や敬具など、書式は整っているか。
- □誤字、脱字はないか。

◆お礼の言葉には、「ありがとうございました」「お礼申し上げます」「感謝申し上げます」「深謝いたします」などがあります。

平成〇〇年11月30日

株式会社オリンピア御中

株式会社サザンウエーブ

RX0-1について

拝啓　貴社ますますご盛栄のこととお喜び申し上げます。

> さて、過日は RX0-1型複合型複写機をご購入いただきありがとうございました。その後 RX0-1型複合型複写機は、お役に立っているでしょうか。操作方法でご不明な点や、うまく作動しないなどのトラブルがある時は、どうぞいつでも当社自慢のアフターシステムをご利用ください。万全のアフターケアをご用意いたしております。

パワー1　感謝の言葉を示す

　また、本複写機はオプショナル機器を取り付けることで、兄弟機であります RX0-2複合型複写機の持つ高度な機能をご使用できるようになっております。その一例を申しますと、RX0-1複合型複写機自体にファックス機能はありませんが、専用ファックスマシーンと専用コードを付けますと、ファックスで受けた内容を必要枚数分複写し、さらにソーター機能によって会議などで必要とされるレジュメをご用意する時などに大変便利な機能かと存じます。ご相談、お見積もりにはいつでも参上いたしますので、お気軽にお申し付けくださいませ。

> 今後とも当社製品をお引き立ていただけますよう、宜しくお願い申し上げます。

パワー2　今後のおつきあいについて言及する

敬具

同封書類
(1) アフターシステムのご案内として、トラブル専用窓口の最新の電話番号一覧を添付させていただきました。
(2) RX0-1複合型複写機のオプショナル製品の最新カタログを、ご参考までに添付させていただきました。

尋ねたい内容を伝えるための ガイドライン ⑪照会状

① 読み手と目的を見極める
- ●照会状を読むのは誰か？
- ●照会の目的は何か？
- ●いつまでにどのような形で返答をもらうか？

② 材料を集める
- ●何について尋ねるのか？
- ●返答を踏まえてどのような行動を起こす予定か？
- ●尋ねる内容は何か？（5W1H）

③ 文章を書く
- ◆パワー1　照会の対象を示す
- ◆パワー2　尋ねたい事項を示す

◆照会とは「尋ねる」ということ。何を聞きたいのか、いつまでに回答してもらいたいのかを明確にしましょう。

④ 推敲する
- □尋ねる対象は明確になっているか。
- □尋ねる内容に不足はないか。

⑤ 最終確認をする
- □相手の社名や部署の記載に誤りはないか。
- □自分の肩書や部署の記載に誤りはないか。
- □返答してもらうための住所や電話番号、メールアドレスに誤りはないか。
- □誤字、脱字はないか。

平成○○年4月19日

株式会社バイオ工業
営業部長　橋本健太様

　　　　　　　　　　　　　株式会社ザイオン
　　　　　　　　　　　　　販売部長　坂田智子　㊞

バイオ200について

拝啓　時下ますますご盛業のこととお慶び申し上げます。
　さて、このたび弊社では、貴社新製品のバイオ200タイプの販売を検討いたしております。プレスリリースを拝見いたしましたが、もし詳細な製品カタログがございましたら、お送りいただきたく存じます。
　またその際、販売条件等に関しまして、下記項目についても近日中にご回答くださいますよう、重ねてお願い申し上げます。
　まずは、取り急ぎご照会まで。

敬具

記

(1) 価格（現金支払い・手形取引、それぞれの仕切り値）
(2) 支払方法（現金支払い・手形取引）
(3) 運送費等の負担の範囲
(4) 保証金、その他付帯条件

以上

パワー1　照会の対象を示す

パワー2　尋ねたい事項を示す

お願いしたい内容を的確に伝えるためのガイドライン ⑫依頼書

① 読み手と目的を見極める
- 依頼書を読むのは誰か？
- 依頼の目的は何か？
- いつまでにどのような形で返答をもらうか？

◆タイトルで何を依頼しているのか、はっきりとわかるようにしましょう。
◆いつまでに返事をもらいたいのかを忘れずに！

② 材料を集める
- 何について依頼するのか？
- 相手の返答によってどのように行動するつもりか？
- どのようなことを求めたいのか？（依頼内容）

③ 文章を書く
- ◆パワー1　依頼の趣旨を示す
- ◆パワー2　求める具体的な内容を示す

④ 推敲する
- □依頼の趣旨は明確になっているか。
- □依頼内容は相手が理解しやすいように、箇条書きにするなどの工夫をしているか。

⑤ 最終確認をする
- □相手の社名や部署の記載に誤りはないか。
- □自分の肩書や部署の記載に誤りはないか。
- □返答してもらうための住所や電話番号、メールアドレスに誤りはないか。
- □誤字、脱字はないか。

平成〇〇年11月30日

文具センター株式会社
　営業部長　市川孝太様

　　　　　　　　　　株式会社　スクールネット販売
　　　　　　　　　　販売部長　佐川洋子　㊞

見積書送付のお願い

拝啓　時下ますますご繁栄のこととお慶び申し上げます。
　さて、11月20日付で見本をご送付いただきましたリフィル付きファイル「クリア100」につきまして、ぜひお取引いたしたく存じます。
　つきましては、下記の条件によるお見積もりをご送付くださいますようお願い申し上げます。誠に勝手ながら、12月10日までにお送りいただけますと幸いです。
　ご多忙中、まことに恐縮ですが、ご高配いただけますよう宜しくお願い申し上げます。

　　　　　　　　　　　　　　　　　　　　　　　　敬具

記

(1)　製品名　：リフィル付きファイル「クリア100」
(2)　数　量　：1000個
(3)　納　期　：平成〇〇年1月30日まで
(4)　納品場所：弊社新宿支店
(5)　納品方法：貴社ご指定
(6)　支払方法：翌月末銀行振込

　　　　　　　　　　　　　　　　　　　　　　　　以上

パワー1　依頼の趣旨を示す

パワー2　求める具体的な内容を示す

断る意志を伝えるためのガイドライン ⑬断り状

① 読み手と目的を見極める
- 断り状を読むのは誰か？
- なぜ断るのか？
- 相手との今後のつきあいの見通しはどうか？

② 材料を集める
- 何を断るのか？
- 相手の理解を得られそうな断る理由は何か？

③ 文章を書く
◆パワー1　断る意志を示す
◆パワー2　断る根拠となる事実を示す

◆あいまいな断り方はかえって混乱を招きます。「できません」「ご希望に沿えません」など断りの言葉を使いましょう。

④ 推敲する
☐ 断る理由は明確な言葉で語られているか。
☐ 断る理由を適切な内容で述べているか。

⑤ 最終確認をする
☐ 相手の社名や部署の記載に誤りはないか。
☐ 主語の無い文はないか。
☐ 文字の変換ミスはないか。

平成○○年4月23日

株式会社フォックス御中

株式会社ノースウェーブ

サンデッキS-100について

拝復　貴社ますますご盛栄のこととお喜び申し上げます。
　さて、4月19日にお送りいただきましたお手紙を拝受いたしました。このたび当社の新製品に、多くのご注文をいただきまして心より御礼申し上げます。ご注文いただきました製品ですが、残念ながら販売をお願いすることはできません。
　すでに昨年末時点で販売契約を他店と結んでおり、追加の販売は今のところ予定がございません。なにとぞ事情をご賢察くださいますよう、宜しくお願い申し上げます。

敬具

パワー1 断る意志を示す

パワー2 断る根拠を示す

怒りを伝えるための
ガイドライン ⑭抗議状

① 読み手と目的を見極める

- 抗議状を読むのは誰か?
- 何に対する抗議か?
- 抗議の結果、相手に何を求めるのか?

② 材料を集める

- 抗議したい事実は何か?
- 抗議の根拠となる事実は何か?
- 何が正しいと考えているのか?

◆抗議するだけではなく、どうして欲しいのか要望を伝えることが大切です。

③ 文章を書く

- ◆パワー1　抗議する具体的な事実を示す
- ◆パワー2　抗議の根拠となる事実を示す
- ◆パワー3　根拠の詳細な説明をする

④ 推敲する

- □抗議する事実を明確に述べているか。
- □抗議の根拠は客観性のある内容か。
- □抗議の結果、確かだと言える事実を伝えられているか。

⑤ 最終確認をする

- □相手の社名や部署の記載に誤りはないか。
- □主語の無い文はないか。
- □文字の変換ミスはないか。
- □趣旨が伝わりやすいように、段落が設けられているか。

平成○○年8月21日

株式会社　DVDセンター
商品販売課　吉田美津子様

株式会社　ブリッド
営業部　勝山和夫

DVD損傷について

前略　用件のみ申し上げます。

パワー1　抗議する具体的な事実を示す
　本日納品されましたDVDが激しく破損しております。

パワー2　抗議の根拠
　DVDはビニール袋に個別包装されているだけで、梱包材、ハードケースなどによる記録面に対する配慮はありませんでした。梱包の状態は添付いたしております写真でご確認ください。また、DVDの入っていたダンボール箱にはエアパッキンなどの詰め物も一切なく、ダンボール天面に「ワレモノ」などの表示もありませんでした。ダンボールにDVDが詰められている状態の写真も添付しております。

パワー3　根拠の詳細な説明
　添付いたしました写真をご覧いただければお分かりかと存じますが、DVD記録面を守っているのは、一枚の薄いビニールのみです。これでは記録面の保護にはなりません。また、ダンボールに「ワレモノ」の注記がなく、エアパッキンもないため、輸送車のちょっとした揺れでも、DVDが互いにぶつかりあうことが容易に予想できることから運送会社の責任とは申せません。

　このようなDVDでは商品としての価値は持ちませんので、至急新たなDVDをお送りくださいますようお願いいたします。その際には、必ず、DVD記録面を保護するに足る十分なご配慮をお願いいたします。

草々

納得しがたいことを伝えるためのガイドライン 📄 ⑮反駁状

①　読み手と目的を見極める
- ●反駁状を読むのは誰か？
- ●反駁する対象となる内容は何か？
- ●反駁の結果何を期待するのか？

◆「反駁」とは「抗議に対する抗議」ということ。自分が正しいことをより明確な根拠で主張しましょう。

②　材料を集める
- ●何に納得がいかないのか？
- ●納得がいかない根拠はどのような事実か？
- ●何が正しいと考えているのか？

③　文章を書く
- ◆**パワー１**　反駁する具体的な事実を示す
- ◆**パワー２**　反駁の根拠となる事実を示す
- ◆**パワー３**　根拠の詳細な説明をする

④　推敲する
- □反駁する事実を明確に述べているか。
- □反駁の根拠は客観性のある内容か。
- □反駁の結果、確かだと言える事実を伝えられているか。

⑤　最終確認をする
- □相手の社名や部署の記載に誤りはないか。
- □主語の無い文はないか。
- □文字の変換ミスはないか。
- □趣旨が伝わりやすいように、段落が設けられているか。

平成○○年5月20日

株式会社　ライフプラザ
営業部　天田浩二様

株式会社　家具屋
営業部　坂田俊夫

オリジナルソファ納入の遅延について

前略　用件のみ申し上げます。

パワー1　反駁する具体的な事実

　本日、納期遅延の説明をするようご連絡がございましたが、商品の納期遅延は当方の責任ではないと考えております。

パワー2　反駁の根拠

　添付いたしました、弊社田中の5月4日の電話メモにございます通り、納期直前の5月4日、貴社鈴木様よりお電話があり、オリジナルソファのデザイン変更のご依頼がございました。その際、鈴木様にデザインを変更した場合1週間から2週間の納期遅延が生じる旨、お伝えし了解を得ております。また、添付いたしました弊社田中の5月6日の電話メモにございます通り、5月6日に弊社田中より貴社ご担当の鈴木様にご連絡し、デザイン変更に伴い肘掛部分の再塗装が必要になり、再度納期遅延になる旨、お伝えいたしております。

パワー3　根拠の詳細な説明

　5月4日のお電話でのご依頼の件の詳しい内容は添付いたしました田中のメモに詳細がございますが、納期予定は明後日の22日になっております。また、5月6日につきましても添付いたしました田中の電話メモに詳細がございますが、この際にも納期予定は明後日22日とお伝えいたしております。

　納期遅延は当方の責任では無いと認識いたしております。弊社では鈴木様とのお約束通り、22日午前中にはソファをお届けいたしますので、ご了承ください。

草々

事情を説明して理解を得るための ガイドライン ⑯交渉状

① 読み手と目的を見極める
- ●交渉状を読むのは誰か?
- ●何について交渉するのか?
- ●交渉の結果、何を求めるのか?

② 材料を集める
- ●交渉したい事柄は何か?
- ●交渉の根拠となる事実は何か?
- ●交渉後の期待する状態は何か?

◆何をどうして欲しいのかを具体的に述べれば述べるほど交渉はスムーズにいきます。

③ 文章を書く
- ◆パワー1　交渉の趣旨を明確に示す
- ◆パワー2　交渉の根拠となる事実を示す
- ◆パワー3　交渉後の期待する内容を示す

④ 推敲する
- □交渉の趣旨は、相手が理解しやすい内容になっているか。
- □交渉の根拠は、交渉の趣旨を説明する具体的な内容になっているか。
- □交渉後の期待する内容は、相手が実行可能な内容になっているか。

⑤ 最終確認をする
- □相手の社名や部署の記載に誤りはないか。
- □主語の無い文はないか。
- □文字の変換ミスはないか。
- □趣旨が伝わりやすいように、段落が設けられているか。

平成○○年9月20日

株式会社　山田ドラッグ
営業部　藤沢浩二様

　　　　　　　　　　　　　株式会社　お菓子のナカノ
　　　　　　　　　　　　　　　営業部　丸山健史

損傷品値引きのご依頼

拝啓　時下ますますご清栄のこととお慶び申し上げます。

パワー1　交渉の趣旨

　さて、本日は損傷品の値引きをお願いいたしたく、お手紙を差し上げております。

　添付いたしました写真の通り、本日の納品の一箱の角がつぶれており、破損が見られます。添付いたしました写真では、幸い商品のパッケージには目立った損傷はないものの、内容物が割れやすいクッキーのため、内容品が完全ではないことが危惧されます。

パワー2　交渉の根拠

　詳細を申し上げますと、添付の写真をご覧いただければご理解いただける通り、箱の天から地まで角のつぶれがあり、何かにぶつかったというよりも、落下した可能性がございます。商品につきましては、添付いたしました写真ではパッケージの外傷は認められませんが、箱が落下したのであれば内容物の保証をすることはできません。

パワー3　交渉後の期待する内容

　弊社といたしましては、角のつぶれがみられる1箱分の商品については正価で販売することはできません。食品の安全と貴社および弊社の信頼を守るために、損傷の可能性のある商品は半額程度の値引きをして販売するか、商品をお引取りいただくかいずれかのご判断をお願いいたしたいと存じます。

　　　　　　　　　　　　　　　　　　　　　　敬具

見聞したことを伝えるためのガイドライン ⑰報告書

① 読み手と目的を見極める
- ●報告書を読むのは誰か?
- ●報告の目的は何か?
- ●どの程度の文章量の報告を求められているのか?

② 材料を集める
- ●いつ、どこで、どのように実施されたことの報告か?
- ●所属する組織と特に関係する情報は何か?(2点ほど)
- ●得た情報は所属する組織にどのように生かすことができるか?

③ 文章を書く
- ◆パワー1　報告の概要を示す
- ◆パワー2　特筆すべき報告事項を示す
- ◆パワー3　所感を述べる
- ◆パワー4　添付資料の項目名を記す

◆「特筆すべき」とは「あなたの会社や組織にとって有益な」ということ。そこで何を選んで報告するかがあなたの評価になります。

④ 推敲する
- □報告概要に5W1H(when where who why what how)が明記されているか。
- □特筆する報告事項は所属する組織と関係する内容か。
- □所感は単なる感想ではなく、所属する組織にとって意味のある意見になっているか。

⑤ 最終確認をする
- □誤字・脱字はないか。
- □文字の変換ミスはないか。
- □日時などの数字の打ち間違えはないか。
- □ヘッダーの位置はそれぞれの見出しで統一されているか。

平成○○年7月10日

IT革命と情報産業の未来についての研究会報告書

石川　桃

1.報告概要

研修会名:IT革命と情報産業の未来
日時:平成○○年7月8日
場所:世田谷区第一ビル2階会議室
主催:情報テクノロジー協会
講師:第1部　石川治夫氏　（北陸先端産業大学教授、経済学者）
　　　第2部　吉川光氏　　（情報科学協会主席コンサルタント）

2.特筆すべき点

(1) 第1部:IT革命が世界的規模で進んでいることの現状とリサーチ報告
　①アメリカの例:新たな教育ビジネス産業として、アメリカの教育産業との強力な連携についての報告があった。
　②スウェーデンの例:医療現場との連携を密にして新分野の開拓に乗り出していることの報告があった。
(2) 第2部:主に日本に焦点を当てた、今後のIT産業への提案
　①教育現場に強いC社の例:ネット販売の成功例を、教育現場に強いC社を例に挙げ、提案があった。
　②医療現場に強いD社の例:ネットサービスの成功例を、医療現場に強いD社を例に挙げ、提案があった。

3.所感

(1) 第1部について
　①海外視察等による情報収集の重要性を強く感じた。
　②ハードとソフト両面からのプロジェクトチームの必要性があると感じた。
(2) 第2部について
　①ネット販売における、教育および医療現場に精通した専門家のアドバイスを得る必要性があると感じた。
　②ネットサービスについて、教育および医療現場において必要とされるサービスを、専門家の協力を得て検討する必要があることを感じた。

4.添付資料

・アメリカの教育産業と提携している○○社の資料
・スウェーデンの医療現場と提携している○○社の資料
・C社の教育現場へのネット販売品一覧
・D社の医療現場への提供サービス一覧

パワー1　報告の概要
パワー2　特筆すべき報告事項を示す
パワー3　所感を述べる
パワー4　添付資料の項目名を記す

改善方法を伝えるための
ガイドライン 🗐 ⑱提案書

① 読み手と目的を見極める
- 提案書を読むのは誰か？
- 提案の目的は何か？
- いつ提案書を提出するのか？

② 材料を集める
- 改善したい現状は何か？
- どのような手順で改善することができるか？
- 改善することによってどんな変化が起こるか？

③ 文章を書く
- ◆パワー1　なぜ改善する必要があるかを示す
- ◆パワー2　現在どのような状況なのかを書く
- ◆パワー3　改善後の変化（効果）を示す
- ◆パワー4　提案の実行可能性を示す

④ 推敲する
- □改善の骨子は改善の趣旨と合っているか。
- □改善後の変化（効果）は読み手の期待する内容か。
- □提案の実行可能性は具体的なデータ等で示されているか。

⑤ 最終確認をする
- □誤字・脱字はないか。
- □文字の変換ミスはないか。
- □日時などの数字の打ち間違えはないか。
- □ヘッダーの位置はそれぞれの見出しで統一されているか。

◆ポイントは、提案による効果をできるだけ具体的に書くこと。何がどう良くなるのか、どう便利になるのか、読み手に鮮明にイメージさせましょう。

平成○○年9月11日

安全部　部長
石島浩二様

　　　　　　　　　　　　　安全部
　　　　　　　　　　　　　森永忠彦　㊞

院内薬品安全管理強化提案書

1.提案趣旨

　院内の薬品に関連した事故の詳細を調査した結果、院内薬品の安全管理が不十分であることが判った。ついては、院内薬品の安全管理強化対策を提案する。

パワー1 なぜ改善する必要があるかを示す

2.提案概要

(1) 薬品を一人の管理者が確認するのではなく、ダブルチェックするシステムを構築する。
(2) 薬品の取り扱いについての研修回数を棚卸時の2回に増やす。

パワー2 改善の骨子を示す

3.期待される改善点

(1) これまで薬品は一人の責任者が行ってきたため、各薬品の在庫数が不明瞭であったり、使用状況の報告が不定期に行われたりしていた。しかし二人の管理者がダブルチェックすることにより、常に薬品の在庫状況を把握し、定期的に院長に薬品使用状況を報告できるようになる。
(2) これまで年度の変わり目に1度だけ研修が行われていた。しかし、薬品の棚卸は3月と10月に行われるため、それに合わせて2回の研修を行うことで、特に新しく加えられた薬品については研修を通して安全管理を強化することができる。

パワー3 改善後の変化（効果）を示す

4.添付資料

・薬品の在庫リストと実際に在庫数が合わなかった月の具体的な薬品リスト
・棚卸期において、薬品の入れ替えが行われた実績リスト（過去2年間）

パワー4 提案の実行可能性を示す

新たな価値を伝えるための ガイドライン ⑲企画書

① 読み手と目的を見極める

- 企画書を読むのは誰か?
- 企画の目的は何か?
- いつ企画書を提出するのか?

② 材料を集める

- 何を向上させたいのか?
- 具体的な手段や方法は何か?
- 組織にどのようなメリットがあるか?

③ 文章を書く

- ◆**パワー1**　企画趣旨を示す
- ◆**パワー2**　企画概要を示す
- ◆**パワー3**　期待される効果を示す
- ◆**パワー4**　企画の実行可能性を示す

◆ポイントは概要の具体性。いつ、どこで、だれが、なぜ、なにを、どのように行うのか「5W1H」意識して書きましょう。
◆「期待される効果」は「企画概要」に対応させて書きましょう。

④ 推敲する

- □企画の骨子は趣旨と合っているか。
- □企画の具体性を示すために、日時や場所などが明示されているか。
- □企画のメリットが明確になるよう、「〜できる」などの言い方で効果が書かれているか。

⑤ 最終確認をする

- □誤字・脱字はないか。
- □文字の変換ミスはないか。
- □日時などの数字の打ち間違えはないか。
- □ヘッダーの位置はそれぞれの見出しで統一されているか。

平成○○年4月25日

人事部　部長
牧原勇様

人事部
国谷弘子 ㊞

自己啓発を促すセミナーの開催

1.企画趣旨

〔パワー1　企画趣旨を示す〕

外来患者対応の業務では、外来患者の言葉や態度から外来患者の心理を理解し対応することが重要である。外来患者対応のスキルアップを図る。

2.企画概要

〔パワー2　企画概要を示す〕

日時:4月24日(金)　18時～20時
場所:東病棟3階セミナー室
(1)認知心理学講座:言葉があらわす人の心理について、認知心理学の専門家に話をしてもらう。
(2)行動心理学講座:行動があらわす人の心理について、行動心理学の専門家に話をしてもらう。

3.期待される効果

〔パワー3　期待される効果を示す〕

(1)認知心理学講座
　見えない外来患者の心の動きを、言葉を手がかりに知ることで、適切なサービスを提供することができる。
(2)行動心理学講座
　見えない外来患者の心の動きを、ちょっとしたしぐさや行動を手がかりに知ることで、適切なサービスを提供することができる。

4.添付資料

〔パワー4　企画の実行可能性を示す〕

・認知心理学講座講師候補者リスト
・行動心理学講座講師候補者リスト

情報を伝えるための ガイドライン ⑳ダイレクトメール

① 読み手と目的を見極める
- ●ダイレクトメールをどのような読者に送るのか?
- ●ダイレクトメールを送る目的は?
- ●ダイレクトメールを送るタイミングは?

② 材料を集める
- ●趣旨を伝える言葉は何か?
- ●読者のメリットは何か?
- ●メリットを伝える言葉は何か?

③ 文章を書く
- ◆パワー1　趣旨を伝える
- ◆パワー2　概要を伝える
- ◆パワー3　メリットを伝える
- ◆パワー4　詳細な説明のリンク先を示す

◆文字の前の■や□などの記号や罫線は、読み手の理解を助ける大切な目印です。同じパワーの内容には同じ記号をつかいましょう。

④ 推敲する
- □趣旨を伝える言葉が明確になっているか。
- □概要が簡潔に書かれているか。
- □読者がメリットを感じることができる数や値などがあるか。

⑤ 最終確認をする
- □一文が30文字以内で収まっているか。
- □10文字単位で読点があるか。
- □文字の変換ミスはないか。
- □ヘッダーの位置はそれぞれの見出しで統一されているか。

パワー1 趣旨を伝える

アジアナコミュニケーション(株)
「ポイント獲得作戦プログラム」のお知らせ

平素はアジアナコミュニケーション(株)に格別のご愛顧を賜り、誠に有難うございます。

お客さまにご満足いただくために、素敵な特典をご用意しておりますので、今後ともアジアナコミュニケーションのサービスをご利用いただきますよう、宜しくお願い申し上げます。

パワー2 概要を伝える

ご存知でしたか?とくとく情報!

1.ポイントバーゲン!自宅から携帯への通話で、ダブルポイント進呈中!
2.期間限定キャンペーン!今だけ商品をお得なポイントで交換しよう!

■1.ポイントバーゲン!自宅から携帯への通話で、ダブルポイント進呈中!

パワー3 メリットを伝える

■自宅から携帯への通話はアジアナの7770モバイルでキマリです!
□自宅の電話から携帯電話にかけるときに、あたまに「7770」をつけて「7770+090(または080)-××××-××××」とダイヤルするだけで通話料がおトクになり、ポイントが2倍たまります。お申し込み・定額料は不要で今すぐ使えます。

▼サービスの詳しい情報はこちら▼
http://asianacommunication.com/asia_ml.cgi?id=opm030098&url_id=09

■2.期間限定キャンペーン! 今だけ商品をお得なポイントで交換しよう!

■獲得したポイントを、期間限定の商品にかぎり、通常の半分のポイントで交換できます。
□一例として、これからの季節に重宝する
　あったか鍋セット(卓上コンロ・土鍋・5客蓮華セット)　5000ポイントで!
　ほっとコーヒーセット(コーヒーメーカー・5客カップ&ソーサー)5000ポイント!
　チーズフォンデュセット(卓上コンロ・チーズホンデュ用品一式)5000ポイント!

▼期間限定商品の詳細はこちら▼
http://asianacommunication.com/

アジアナコミュニケーションのポイントサービス登録方法は?

パワー4 詳細な説明のリンク先を示す

■まだポイントサービスにご登録いただいていない方は、どうぞお急ぎください!
▼アジアナコミュニケーションポイントサービスの詳細・お申込はこちら▼
http://asianacommunication.com/cgi-bin/count/

付録
コミュニケーションのための言葉の基礎情報

ここでは、社会人としての知っておきたい
基本的な言葉の使い方や語彙、ことわざ、名言
などについて、その一例を収録しました。
コミュニケーションのための基礎情報として
チェックしてみましょう。

[1] ら抜き言葉・れ足す言葉・さ入れ言葉

(1) ら抜き言葉とは

　ら抜き言葉とは、一般動詞を「可能」の意味にする時に、助動詞「られる」を使うべきところを、「れる」を使うことです。「れる」「られる」には、可能、受身、自発、尊敬の４つの意味がありますが、五段活用やサ変の動詞以外の動詞は「られる」をつけて可能の意味を表すことになっています。

□食べれる　→　食べられる
□開けれる　→　開けられる
□見れる　→　見られる
□来れる　→　来られる
□着れる　→　着られる

（2）れ足す言葉とは

　れ足す（レタス）言葉とは五段活用動詞に「れる」を付けて「可能」の意味を表す形にしたにもかかわらず、さらに「れる」を付けて二重に可能の意味を付加した表現です。このような言葉をレタス言葉やれ入れ言葉とも呼ぶことがあります。

　　☐ 飲めれる　→　飲める
　　☐ 聞けれる　→　聞ける
　　☐ 読めれる　→　読める
　　☐ 書けれる　→　書ける

（3）さ入れ言葉とは

　さ入れ言葉とは、一般動詞を「使役」の意味にする時に、助動詞「せる」を使うべきところを、「させる」を使うことです。五段活用やサ変の動詞には「せる」を付け、それ以外の動詞には「させる」つけて使役の意味を表すことになっています。

　　☐ 働かさせる　→　働かせる
　　☐ 気づかさせる　→　気づかせる
　　☐ 読まさせる　→　読ませる
　　☐ 歩かさせる　→　歩かせる

＊注　「話す」は五段活用なので、「話させる」となります。

[2] 敬語

　様々なコミュニケーションの場で、異なる年代や社会的な地位のある人と接することになると、敬語を上手に使うことが必要となります。敬語が上手に使えるだけで、敬意が伝わるわけではありませんが、少なくとも次に挙げるような敬語表現は知識としてマスターしておきましょう。

【尊敬語】 相手を敬って言う言葉

- □食べる・飲む　→　召しあがる
- □行く・来る・いる・ある　→　いらっしゃる
- □言う　→　おっしゃる
- □する　→　なさる
- □くれる　→　くださる
- □出発する　→　おでかけになる
- □到着する　→　ご到着になる
- □立つ　→　立たれる
- □〇〇さん　〇〇様　〇〇殿

【謙譲語】 相手よりもへりくだって言う言葉

- □する　→　いたす
- □もらう　→　いただく

- ☐ 尋ねる → うかがう
- ☐ 聞く → 承る
- ☐ 会う → お目にかかる
- ☐ 行く → 参る
- ☐ 言う → 申し上げる
- ☐ 与える → 差し上げる
- ☐ 見せる → ご覧に入れる
- ☐ もらう → 頂戴する
- ☐ 聞く → お聞きいたします
- ☐ 提案する → ご提案します
- ☐ 見る → 拝見する
- ☐ 受け取る → 拝受する
- ☐ 聴く → 拝聴する
- ☐ 読む → 拝読する

【丁寧語】 言葉を丁寧にして敬意を表する

　「です」や「ます」、「ございます」を付けて、敬意を表します。接続詞の場合は、「ですが」などを使って、丁寧な表現にします。また「お」や「ご」を名詞の前に接頭語としてつけ、丁寧な表現にすることもあります。美化語は言葉を丁寧にするための表現ですが、上品に言い表すための表現なので、あまり過度に美化語を使用すると不快感を抱く相手もいるかも知れません。適度に使用するようにしましょう。

[3] 語彙を広げる（文書に頻出の語彙）

　次に示したのは、ビジネス文書などでよく使われ、また読み方や意味を間違えやすい言葉の例です。言葉は見るだけでは覚えられません。3回ずつ書き、読み方と意味を確認しましょう。知らない言葉に出会ったら忘れないうちに調べることを習慣づけましょう。

　　　　漢字　読み方　　　　　意味
- 遺憾（いかん）　残念に思うこと
- 一新（いっしん）　すべて新しくすること
- 婉曲（えんきょく）　遠まわし
- 開催（かいさい）　会や催しを行うこと
- 概念（がいねん）　大まかな認識
- 画一（かくいつ）　すべて同じにすること
- 確定（かくてい）　はっきり決めること
- 過信（かしん）　過度に信じること
- 仮題（かだい）　かりにつけた題名
- 監査（かんさ）　監督し検査すること
- 肝要（かんよう）　最も大事だ
- 機会（きかい）　チャンス
- 記載（きさい）　書いてのせること
- 議事（ぎじ）　会議で討議すること（事柄）
- 規制（きせい）　規則をたてて制限すること
- 既存（きそん）　すでに存在していること
- 協議（きょうぎ）　話し合って決めること
- 教訓（きょうくん）　教えさとすこと　教え
- 恐縮（きょうしゅく）　恐れ入ること
- 極限（きょくげん）　限界点
- 極地（きょくち）　さいはての地
- 極論（きょくろん）　極端な論議
- 均一（きんいつ）　すべて同じであること

付録

- □ 謹啓(きんけい)　手紙の頭語の一つ
- □ 苦言(くげん)　相手の悪い点をあえて言うこと
- □ 苦渋(くじゅう)　苦しみ悩むこと
- □ 繰越(くりこし)　順次に次へ送ること
- □ 訓示(くんじ)　上位の者が下位の者に教え示すこと
- □ 敬具(けいぐ)　手紙の結語の一つ
- □ 継承(けいしょう)　地位や権利を受け継ぐこと
- □ 計上(けいじょう)　全体の予算の中に入れること
- □ 謙虚(けんきょ)　おごらずつつましい様子
- □ 賢察(けんさつ)　相手の推察の尊敬語
- □ 厳罰(げんばつ)　厳しく罰すること　きびしい罰
- □ 高配(こうはい)　相手の配慮の尊敬語
- □ 考慮(こうりょ)　よく考えること
- □ 懇願(こんがん)　心から願うこと
- □ 差異(さい)　違い　異なること
- □ 采配(さいはい)　指揮
- □ 差益(さえき)　差し引き後の利益
- □ 策定(さくてい)　考えて決めること
- □ 策略(さくりゃく)　はかりごと
- □ 査察(ささつ)　規定どおりに行なわれているかどうか調査すること
- □ 刷新(さっしん)　悪いことを改め、新しくすること
- □ 賛否(さんぴ)　賛成と不賛成
- □ 試行(しこう)　試しに行うこと
- □ 示唆(しさ)　それとなく教えほのめかすこと
- □ 資質(ししつ)　生まれつきの性質
- □ 指針(ししん)　方針　てびき
- □ 自重(じちょう)　行動をつつしむこと
- □ 執行(しっこう)　実際に行うこと
- □ 謝意(しゃい)　お礼の気持ち
- □ 主因(しゅいん)　おもな原因
- □ 周知(しゅうち)　広く知れ渡ること

- ☐ 趣向(しゅこう)　おもむきを出すための工夫
- ☐ 照会(しょうかい)　問い合わせ
- ☐ 成就(じょうじゅ)　なしとげること
- ☐ 詳述(しょうじゅつ)　詳しく述べること
- ☐ 賞与(しょうよ)　ボーナス
- ☐ 所感(しょかん)　心に感じた事柄
- ☐ 真価(しんか)　本当の価値
- ☐ 進捗(しんちょく)　はかどること
- ☐ 施行(せこう)　実施
- ☐ 是認(ぜにん)　よいと認めること
- ☐ 戦略(せんりゃく)　戦いに勝つための有効な方策
- ☐ 総称(そうしょう)　全体をひとまとめにしてよぶこと
- ☐ 贈与(ぞうよ)　おくり与えること
- ☐ 存続(そんぞく)　引き続いて存在すること
- ☐ 対外(たいがい)　外部に対すること
- ☐ 大局(たいきょく)　全体のなりゆき
- ☐ 待遇(たいぐう)　職場での地位や給与など
- ☐ 代替(だいたい)　他の物で代えること
- ☐ 大別(たいべつ)　おおまかに分けること
- ☐ 打診(だしん)　探りを入れること
- ☐ 奪回(だっかい)　奪い返すこと
- ☐ 嘆願(たんがん)　事情を訴えて、心から願うこと
- ☐ 単体(たんたい)　単一の物体
- ☐ 断定(だんてい)　はっきりと判断すること
- ☐ 担保(たんぽ)　債務の保障として債権者に提供するもの
- ☐ 注入(ちゅうにゅう)　そそぎ入れること
- ☐ 重複(ちょうふく)　同じ物事が重なりあうこと
- ☐ 体裁(ていさい)　外見
- ☐ 的確(てきかく)　よく当てはまり確かなこと
- ☐ 適正(てきせい)　適当で正しいこと
- ☐ 添付(てんぷ)　そえて付けること

- ☐ 展望(てんぼう)　遠くまで見渡すこと
- ☐ 唐突(とうとつ)　突然
- ☐ 督促(とくそく)　約束や物事の実行をうながすこと
- ☐ 特定(とくてい)　特に指定すること
- ☐ 認証(にんしょう)　その事実を公の機関が証明すること
- ☐ 認定(にんてい)　事実や資格の有無を審査し、決定すること
- ☐ 拝啓(はいけい)　手紙の頭語の一つ
- ☐ 拝察(はいさつ)　推察の謙譲語
- ☐ 拝受(はいじゅ)　受けることの謙譲語
- ☐ 配信(はいしん)　情報を送信すること
- ☐ 拝復(はいふく)　手紙の頭語の一つで、返信に使う
- ☐ 配慮(はいりょ)　気を配ること
- ☐ 破綻(はたん)　うまくゆかなくなること
- ☐ 万端(ばんたん)　すべての事柄
- ☐ 搬入(はんにゅう)　運び込むこと
- ☐ 反駁(はんばく)　非難に対して論じ返すこと
- ☐ 販路(はんろ)　商品の売り口
- ☐ 否認(ひにん)　事実と認めないこと
- ☐ 負債(ふさい)　借金
- ☐ 不躾(ぶしつけ)　礼を欠くこと
- ☐ 付随(ふずい)　つき従って起こること
- ☐ 平穏(へいおん)　おだやかなこと
- ☐ 弊社(へいしゃ)　自分の属する会社の謙譲語
- ☐ 暴落(ぼうらく)　物価や株価が急激に下がること
- ☐ 抹消(まっしょう)　消すこと
- ☐ 満了(まんりょう)　期間が終わること
- ☐ 無根(むこん)　根拠のないこと
- ☐ 要因(よういん)　主要な原因
- ☐ 落差(らくさ)　高低の差
- ☐ 離脱(りだつ)　離れ抜けること
- ☐ 流通(りゅうつう)　商品を生産者から消費者へ移動すること

[4] ことわざ・故事成語

- □ああ言えばこう言う （人の言うことにすなおに従わず、あれこれと理屈をこねて言い返す。）

- □開いた口がふさがらない （相手の言ったことやしたことが、あまりにも馬鹿らしくて、ものが言えないようす。）

- □青田買い （卒業まで時間のある学生を早々に企業が、採用内定すること。）

- □赤の他人 （まったく関係がないということ。）

- □揚げ足を取る （言い間違えや言葉じりをとらえて、皮肉を言ったりすること。）

- □挙句の果て （最後の最後。）

- □足元に火が付く （危険なことが身近に迫っているということ。）

- □雨降って地固まる （もめごとが起き、それについて激しい議論をしても、そのことによってお互いが理解できるようになり、結果として良好な関係となること。）

- □案ずるより産むがやすし （心配していたよりも、実際やってみると案外たやすいものだということ。）

- □言うはやすく行うはかたし （口で言うのは簡単だが、実行するのは難しいということ。）

- □異口同音（いくどうおん） （多くの人が口をそろえて、同じことを言うようす。）

- □急がば回れ （時間がかかっても、安全確実にやる方が、結局早く目的を達することができるということ。）

- □一時が万事 （一つのことを見れば、他の全てのことがわかるということ。）

付録

- □ 一矢(いっし)を報いる （反撃すること。）
- □ 後ろ髪を引かれる （なかなか思い切れないようす。）
- □ うそも方便(ほうべん) （うそも時と場合によっては手段として必要だということ。）
- □ 裏目に出る （良いと思ってやったことが、期待とは逆に悪い結果となること。）
- □ 大風呂敷を広げる （大きなほらを吹くこと。）
- □ 大目に見る （少しの誤りを責めずにおくこと。）
- □ 十八番(おはこ) （最も得意とするもの。）
- □ 折り紙付き （信用できる評価を得ること。）
- □ 顔に泥(どろ)をぬる （相手の名誉を傷つけること。）
- □ 書き入れ時(どき) （仕事が最も忙しい時間や、一番もうかる時期のこと。）
- □ 肩身が狭い （引け目を感じるようす。）
- □ 鎌をかける （相手の本音を聞き出すために、それとなく誘いをかける。）
- □ 還暦 （数え年61歳のこと。）
- □ 机上(きじょう)の空論 （考えた理屈で、現実には役立たない理論。）
- □ 口裏を合わせる （話しが食い違わないように、あらかじめ内容を打ち合わせておくこと。）
- □ 光陰矢のごとし （月日の経つのが早いことのたとえ。）
- □ 公明正大 （公平でやましいところがなく、正々堂々としていること。）
- □ 沽券(こけん)にかかわる （体面にさしさわりがあること。）
- □ 虎視眈々(こしたんたん) （相手にすきがあれば、つけ入ろうと、様子をうかがっていること。）

- □ 言語道断(ごんごどうだん)　（あきれ果てて、なんとも言いようがないこと。）
- □ 塞翁が馬(さいおう)　（思いがけないことが幸福を招いたり、あるいは不幸につながったりして、人生は予測がつかないということ。）
- □ 三十にして立つ　（30歳になり、自己を確立し、自立する。）
- □ 枝葉末節(しようまっせつ)　（主要でないつまらない事柄のこと。）
- □ 人後に落ちない(じんご)　（誰にも負けないこと。）
- □ ずさん（杜撰）　（仕事のやり方などが、いいかげんなこと。）
- □ 先鞭を着ける(せんべん)　（人より先に着手すること。）
- □ 千里の道も一歩から　（どんな大事業でも、まず出来ることから始まるというたとえ。）
- □ 袖の下(そで)　（わいろのこと。）
- □ 高が知れる(たか)　（たいしたことではないということ。）
- □ 茶番(ちゃばん)　（ばかげたおこないや出来事のこと。）
- □ 鶴の一声(つる)　（権威や実力のある人の一言で、紛糾している議論がまとまること。）
- □ 手塩にかける　（色々面倒を見て、大切に育てること。）
- □ 手も足も出ない　（自分の力ではどうにもならないこと。）
- □ 薹が立つ(とう)　（人の盛りの時期が過ぎている様子。）
- □ 問うに落ちず、語るに落ちる　（人から問いかけられた時は隠していることをもらさないように用心するが、自分から話している時は思わず本当のことを話してしまうこと。）
- □ とどのつまり　（結局ところ）
- □ 為せば成る　（その気になればできないことはないということ。）

138

付録

- □似たり寄ったり　（たいした違いがない様子。）
- □根も葉もない　（なんの根拠もないことのたとえ。）
- □背水の陣（はいすい）　（一歩も退くことのできない状態で、必死の覚悟で行うこと。）
- □拍車をかける（はくしゃ）　（事の進み具合を一段とはやめることのたとえ。）
- □万事休す　（これ以上手の打ちようがないこと。）
- □一肌脱ぐ（ひとはだ）　（相手を助けるために力を貸すたとえ。）
- □氷山の一角　（表面に現れているのは全体のほんの一部にすぎないということ。）
- □火を見るより明らか　（疑う余地がないということ。）
- □ペンは剣よりも強し　（文章によって表される考えは世論を動かし、武力よりも力を発揮するということ。）
- □墓穴を掘る　（自分で自分の身を滅ぼすような原因を作るということ。）
- □負けるが勝ち　（あえて負けた方が、結果的には有利になることもあるということ。）
- □水と油　（気が合わないということ。）
- □目処が付く（めど）　（見通しが立つたとえ。）
- □物は言いよう　（言い方しだで、良くも悪くも聞こえること。）
- □門外漢（もんがいかん）　（その分野の専門家でないということ。）
- □槍玉に上げる（やりだま）　（非難の的にするということ。）
- □渡りに船　（あることに当たろうと思っている時に、そのことに都合の良いことにあうこと。）

[5] 名言

☐ 出る杭は打たれるが、出すぎた杭は誰も打てない。出ない杭、出ようとしない杭は、居心地は良いが、そのうちに腐る。(堀場雅夫・実業家)

☐ 難問は分割せよ。(デカルト・哲学者)

☐ 強い人間は自分の運命を嘆かない。(ショーペンハウエル・哲学者)

☐ 僕もこうして人間に生まれてきたんだから、やはり何か生きがいが感じられるまで生きている義務がある。(リンカーン・アメリカ大統領)

☐ 自分の面が曲がっているのに、鏡を責めて何になろう。(ゴーゴリー・ロシアの小説家)

☐ 人間は自由であり、つねに自分自身の選択によって行動すべきものである。(サルトル・哲学者)

☐ 努力する人は希望を語り、怠ける人は不満を語る。(井上靖・小説家)

☐ 人間は本当に落ちるところまで落ちると、もはや、他人の不幸を喜ぶ以外の楽しみはなくなってしまう。(ゲーテ・詩人)

☐ 仕事は自分で探して創り出すものだ。与えられた仕事だけやるのは雑兵(ぞうひょう)だ。(織田信長・戦国武将)

☐ 馬で行くことも、車で行くことも、二人で行くことも、三人で行くこともできる。だが、最後の一歩は自分ひとりで歩かなければならない。(ヘッセ・作家)

☐ 人間は、結局、自分がなりたいと思う人間になる。(ゲーテ・詩人)

☐ 確信を持つこと、いや確信を持っているかのように行動せよ。(ゴッホ・画家)

☐ 人が旅するのは到着するためではなく、旅をするためである。(ゲーテ・詩人)

付録

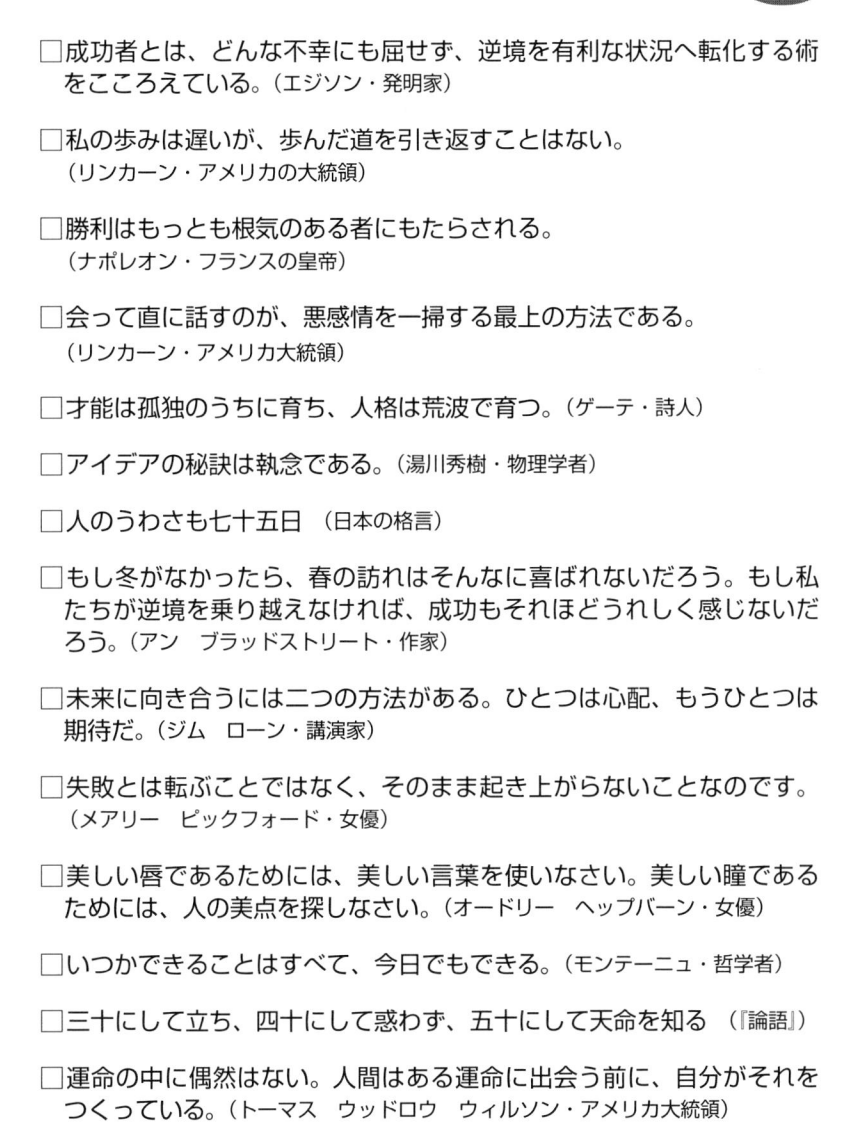

- 成功者とは、どんな不幸にも屈せず、逆境を有利な状況へ転化する術をこころえている。(エジソン・発明家)

- 私の歩みは遅いが、歩んだ道を引き返すことはない。
  (リンカーン・アメリカの大統領)

- 勝利はもっとも根気のある者にもたらされる。
  (ナポレオン・フランスの皇帝)

- 会って直に話すのが、悪感情を一掃する最上の方法である。
  (リンカーン・アメリカ大統領)

- 才能は孤独のうちに育ち、人格は荒波で育つ。(ゲーテ・詩人)

- アイデアの秘訣は執念である。(湯川秀樹・物理学者)

- 人のうわさも七十五日 (日本の格言)

- もし冬がなかったら、春の訪れはそんなに喜ばれないだろう。もし私たちが逆境を乗り越えなければ、成功もそれほどうれしく感じないだろう。(アン ブラッドストリート・作家)

- 未来に向き合うには二つの方法がある。ひとつは心配、もうひとつは期待だ。(ジム ローン・講演家)

- 失敗とは転ぶことではなく、そのまま起き上がらないことなのです。
  (メアリー ピックフォード・女優)

- 美しい唇であるためには、美しい言葉を使いなさい。美しい瞳であるためには、人の美点を探しなさい。(オードリー ヘップバーン・女優)

- いつかできることはすべて、今日でもできる。(モンテーニュ・哲学者)

- 三十にして立ち、四十にして惑わず、五十にして天命を知る (『論語』)

- 運命の中に偶然はない。人間はある運命に出会う前に、自分がそれをつくっている。(トーマス ウッドロウ ウィルソン・アメリカ大統領)

[著者略歴]

入部明子（いりべ・あきこ）
　1964年福岡県生まれ。本名、石垣明子。筑波大学大学院教育学研究科博士課程単位取得満期退学。現在、つくば国際大学医療保健学部医療技術学科教授。大学図書館長。文化庁文化審議会国語分科会委員。
　専門は日米の比較言語教育学。陪審員制度を持つアメリカの文章作成法「パワー・ライティング」に早くから注目し、民主主義を支える論理的な表現力について研究。特に裁判員制度と言語力に関する研究成果を、著書や雑誌連載などで多く発表している。平成14年度から、NHKラジオ高校講座『国語表現Ⅰ』のレギュラー講師を務め、平成26年度からはNHK教育テレビ（Eテレ）『国語表現』の監修およびレギュラー講師を務めている。
　著書は『その国語力で裁判員になれますか？』（明治書院）、『体験！裁判員―法廷から学ぶ裁判員の"国語力"』（明治書院）、『論理的ビジネス文書作成術』（アスク）、など多数。

パワー・ライティング入門(にゅうもん)　説得力(せっとくりょく)のある文章(ぶんしょう)を書(か)く技術(ぎじゅつ)
© IRIBE Akiko, 2013　　　　　　　　　　　NDC 816/141p/21cm

　初版第1刷─2013年8月10日
　　第3刷─2017年9月1日

著者────入部明子(いりべ あきこ)
発行者───鈴木一行
発行所───株式会社 大修館書店
　　　　　〒113-8541　東京都文京区湯島2-1-1
　　　　　電話 03-3868-2651（販売部）　03-3868-2291（編集部）
　　　　　振替 00190-7-40504
　　　　　［出版情報］http://www.taishukan.co.jp

装丁者────鳥居　満
印刷所────壮光舎印刷
製本所────難波製本

ISBN 978-4-469-22231-9　Printed in Japan
Ⓡ本書のコピー、スキャン、デジタル化等の無断複製は著作権法上での例外を除き禁じられています。本書を代行業者等の第三者に依頼してスキャンやデジタル化することは、たとえ個人や家庭内での利用であっても著作権法上認められておりません。